行动学习
实践手册

沈现斌　张东成◎著

北京联合出版公司
Beijing United Publishing Co.,Ltd.

图书在版编目(CIP)数据

行动学习实践手册/沈现斌,张东成著.—北京：北京联合出版公司,2020.6
ISBN 978-7-5596-4077-2

Ⅰ.①行… Ⅱ.①沈…②张… Ⅲ.①企业管理—手册 Ⅳ.① F272-62

中国版本图书馆 CIP 数据核字（2020）第 040624 号

行动学习实践手册

作　　者：沈现斌　张东成
选题策划：北京时代光华图书有限公司
责任编辑：李　伟
特约编辑：李淼淼
封面设计：零创意文化

北京联合出版公司出版
（北京市西城区德外大街83号楼9层　100088）
北京时代光华图书有限公司发行
北京晨旭印刷厂印刷　　新华书店经销
字数155千字　　787毫米 × 1092毫米　　1/16　　12.5印张
2020年6月第1版　　2020年6月第1次印刷
ISBN 978-7-5596-4077-2
定价：58.00元

版权所有，侵权必究

未经许可，不得以任何方式复制或抄袭本书部分或全部内容
本书若有质量问题，请与本社图书销售中心联系调换。电话：010-82894445

推荐序一

解决学习形式主义的一剂良药

中国引进学习型社会、学习型组织理念已经30多年，中央提出建设学习型社会号召，也将近30年了。党的十九届四中全会对于建设学习型社会、学习型政党进一步提出了新要求。其实有关"学习型"的一系列理念和方法，是信息化、全球化和高新技术时代的产物，是应这个时代的要求而提出来的，它们都指向一场人类学习的大转型、大变革。

这场学习的大变革究竟要变革什么？要变革的是那种只是把捧着书本读书、对着书本答题、坐在课堂上听讲座等看作学习的想法，变革的是学习中的形式主义。那么学习型组织倡导什么样的学习呢？倡导的是从问题开始，研讨式、共享式和跨界跨学科的，通过激活每个人的潜能来激发团队智慧，从而不断把学习引向深入，最后实现不断创新的学习。

但是，在建设学习型组织、学习型社会的过程中，一些地方和单位学习上的形式主义并没有彻底解决，这是值得我们关注的。

学习形式主义主要表现为不针对问题，学习"空对空"，学用"两张皮"；也有的将学习变成"表演秀"，大家念着事先准备好的"台词"，一些领导干部乐于当主角，大家不得不当配角来配合。此外，有些单位虽然不演戏、真学习，有的拿出问题组织大家学习、商讨解决办法，但是接下来往往对于团队学习中形成的问题解决方法不够重视，最后对相关问题还是领导定调子、拿主意，成员齐点赞、表决心，一人决策替代群策群力，没有落实到实际效果上。

对于解决组织学习中的形式主义问题，我先后提出了一些观点和主张，例如学习从列问题清单开始，研究问题要靠自由团队，学习的关键要提高团队智商，学习要以链式方式一步步开展，学习的效果要体现在团队创新上，等等。这些观点在《带着问题学：裸面学习法》《链式学习法：组织学习的六级台阶》《找点：精准高效的做事方法》等几本书中都有论述。《行动学习实践手册》的作者之一张东成是我的学生，他在本书中也提到了相关内容。

解决学习形式主义问题，行动学习是一个好办法，但在具体推广应用上也要注意两个问题：一方面不能抛开国内外实践上有效的方法，只是滥用行动学习之名，挂羊头卖狗肉；另一方面要避免简单生硬地套用国外的方法，不知变通。

关注和研究组织学习绕不开行动学习，其实行动学习法是整个学习大变革潮流中较早出现的方法，也是在世界上影响最大的组织学习方法之一。张东成读书时候，我曾经给学生们布置过一个题目，要求他们关注和研究通用电气的行动学习、瑞典的学习圈、彼得·圣吉倡导的世界咖啡等行之有效的学习方式和相关技术方法。他毕业后，一直在研究有关问题，而且在工作实践中有了一系列具体的探索和体会。

其实本书的两位作者都是从中国共产党中央委员会党校（以下简称"中共中央党校"）毕业的，也都长期对学习型组织问题感兴趣。理论联系实际，密切关注现实问题，是中共中央党校研究生培养的一个特点。他们毕业参加工作后，持续关注和思考组织学习问题，共同写作《行动学习实践手册》一书，我感到很欣慰。

这本书是一部行动学习的理论结合实践的通俗读物，对于读者可以有三个帮助：省时、省力、有启发。

省时：书中关于行动学习理论和工具的内容介绍，见诸相关书籍，虽然并非首创，但作者进行了综述汇总和梳理，省去了读者大量翻阅相关书籍的烦琐。

省力：书中内容以关键词的形式进行解读，抓住重点、言简意赅，对于初步接触和了解行动学习的读者来说，降低了理解思考的难度。

有启发：案例部分介绍了三类实践应用场合的四个典型案例，内容具体深入，案例各有侧重，带给读者启发和借鉴。

中共中央党校教授、博士生导师

《学习时报》原总编辑

钟国兴

推荐序二

以行动学习推动干部教育培训高质量发展

善于学习、重视干部教育培训，不仅是我们党的优良传统和独特政治优势，也是治国理政的宝贵经验。习近平总书记多次就干部教育培训做出重要指示，2019年2月，总书记在第五批全国干部学习培训教材序言中指出，没有全党大学习，没有干部大培训，就没有事业大发展，这为我们做好干部教育培训工作提供了根本原则。随着中国特色社会主义进入新时代，干部教育培训面临一系列新任务、新要求、新挑战，迫切需要以高质量教育培训干部，深度融入，有效服务大局，为建设高素质专业化干部队伍、推动经济社会高质量发展提供坚实支撑。

2018年11月，中共中央印发《2018—2022年全国干部教育培训规划》，提出要根据培训内容和干部特点，改进方式方法，并将行动学习作为创新培训方法的重要内容列入其中。实际上，早在1998年，中国共产党中央委员会组织部（以下简称"中组部"）培训中心就开始把行动学习法引入我国政府组织内部，进行积极探索与研究。中组部依托于国际合作项目，将国内研究与国外学习相互结合，在甘肃、青海、内蒙古、四川及广西等地推广实践行动学习。

广西的行动学习应用开展得比较扎实。自2007年引入行动学习以来，自治区党委组织部牵头在各地实施了一大批项目，解决了一系列难题，培养了一支高素质领导干部和业务骨干队伍，对各地发展起到了有效的带动作用，充分展示了行动学习的魅力。

2019年5月，广西壮族自治区党委十一届六次全会明确提出要"实施行动学习推广应用计划，增强各级干部推进实际工作的能力"。为进一步贯彻落实中央文件要求和自治区党委决策部署，百色干部学院大力实施行动学习推广应用计划，推动干部教育培训与行动学习深度融合，充分发挥学院作为自治区党委直属的自治区级干部教育培训机构的特点，率先将行动学习课程融入各类班次中，定期举办行动学习催化师培训班（主体班）和各类行动学习专题培训班，先后召开"新时代·行动学习创新发展"等系列专题研讨会和论坛，切实增强干部教育培训针对性和实效性。

按照工作安排，百色干部学院也是广西行动学习研究会的主管部门，作为广西行动学习理论研究和实践应用的"新高地"，学院进一步选优配强专业师资团队，加强理论研究和实践总结。我院教师沈现斌同志参与写作的《行动学习实践手册》就是学院立项资助课题成果之一。该书对国内外行动学习理论研究与应用情况进行了梳理总结，较为全面地介绍了行动学习应用工具和方法，同时分别选取了广西在企业经营管理、政府社会治理、干部教育培训等方面的若干经验做法，可让读者对行动学习的多维度应用有一定直观感受和借鉴参考，对进一步推动行动学习在广西的深入实践具有启发作用。

百色干部学院副院长
广西行动学习研究会会长
翁洁

自 序

2018年11月，中共中央印发《2018—2022年全国干部教育培训规划》，提出创新培训方式方法，其中明确要求探索运用行动学习等方法。行动学习在国内从应用于企业经营管理、政府干部教育和课题研究等实践活动，到正式亮相中央文件，切切实实地火了一把。

行动学习在国内广受追捧，一方面在于其核心理念与我国传统教学思想和方式在本质上是相通的，对国人来讲并非完全新鲜的东西；另一方面则是其有一系列具体落地的方法和规则来保证效果，只需按部就班实施，效果就能显现，做法上并不复杂。然而，也正是因为这样的特点，在行动学习推广应用过程中，容易导致形式主义、做法简单僵化等问题。

行动学习既是方法，也是理念。由于行动学习带了"学习"两个字，因此总是被国内许多管理者忽略，他们看到"学习"两个字，往往就认为这是机关组织（人事）部门或者企业人力资源部门的事情，认为设计一些培训项目就好，而没有兴趣去探究其实质。行动学习作为一种理论和方法，自理论的提出到实践应用，至今已将近半个世纪。行动学习在中国的实践应用也有近30年的时间。行动学习作为一种组织学习方法，自20世纪90年代被中组部在中高级领导干部培训中率先引入以来，在中央提出建设学习型组织和学习型社会的政策导向下，得到迅速推广应用。这一推广应用遵循实践应用和理论研究并行的推广路径，并呈现出实践应用较为广泛、理论研究较为薄弱等特点。

国内行动学习实践路径大致可分成两条：一是企业应用——以华润集团、中粮集团为代表的一批国内企业将行动学习作为解决企业发展战略、提高经营绩效和人才发展的培训手段和工作方式；二是政府应用——以广西、甘肃和海南等省、自治区为代表的组织部门将行动学习在干部教育、课题研究等方面进行工具化推广应用。

国内行动学习的本土化研究和实践创新路径大致也可分成两条：一是党校、行政学院和高校系统的理论研究，二是管理咨询公司和行业协会开展的理论研究。

近几年，行动学习在国内呈现出野蛮生长的态势。在各类组织重视学习与培训，却又苦于效果不明显的困局面前，企业人力资源部把行动学习当成改变惨淡现状的灵丹妙药，企业高管热血沸腾地启动一个又一个学习项目，往往轰轰烈烈一番过后又草草收场；党政部门和机关单位则是组织部门下发通知，要求各地开展行动学习，相关单位迅速行动，邀请主要领导出席启动会并发表重要讲话，抽调骨干人员组成学习小组进行学习，组织企业宣传部门全程跟进，让各类活动报道迅速见诸内刊和网络，努力营造浓厚学习氛围，而对于成果转化却不够专注，对于小组成员思想和行为的改变状况也缺乏评估。

行动学习开展情况既很"火"，又挺"晕"，这实际上折射出在行动学习本土化研究和应用逐步深入的同时，我们对行动学习概念、本质、形式、流程等基本内容缺乏共识。只有形成阶段性共识，我们才能进一步总结国内行动学习近30年的实践经验，厘清其本质内涵，破除观念束缚，解放思想，推动创新，形成新时代开展行动学习研究和运用的生动局面。

自 序

　　本书作者张东成 2011 年在中共中央党校读研期间，作为课题组成员前往广西柳州市调研交流学习型组织建设经验。当时柳州市委组织部正牵头相关试点单位开展行动学习项目和方法的推广应用，各试点单位结合各自实际，针对问题大胆实践，陆续形成了一些在开会、汇报工作和讨论问题等场合能用得上的方法或提法。这些试点经验总结起来有两个特点：一是这些方法或提法同行动学习典型应用模式项目制不同，具有"小而轻"的特点，比较新颖；二是这些本土化创新还不够成熟完善，有待于进一步提炼总结。试点单位总结的这种非典型项目式的"小而轻"的学习和工作方法到底是不是行动学习？行动学习是否有唯一的应用模式？行动学习本土化创新哪些能突破，哪些需坚守？当时在调研过程中，上述问题多次在座谈会和走访交谈中被提及。

　　实际上，上述问题正是行动学习在国内推广应用时面临的普遍性问题。近年来，随着推广深入，有更多的党政机关和企事业单位反复提出类似疑问。同时，各地实践应用越发广泛，本土化创新积淀更加成熟，也更迫切需要对这些问题进行解答。行动学习既是理论问题也是实践问题，回答理论问题，离不开实践经验，实践问题更需要实践来回答。

　　本书作者沈现斌近年来在广西从事行动学习宣传推广和落地实施工作，在本书中整理和汇编了广西行动学习的部分实践案例，并提出自己的一些思考。他认为当前对行动学习的推广应用呈现两个特点：一是领导重视、组织得力、热情高涨、创新不断，二是部分单位提出理论知识讲解不透、学习疑问解答不深、提炼创新路径不清等困惑。

　　因此，本书针对部分单位和行动学习推行者可能遇到的类似困惑和实践中的共性问题，抛砖引玉，期待更多组织学习、团队建设和行动学习领域的专家学者来共同探讨这些问题，给出真知灼见。

　　当前，行动学习既需要正本清源，把相关理论、流派、技术和方法等内容的来龙去脉讲清楚，更需要创新发展，针对国内实际情况，尤其是国内"组织学习病"，对症下药，给出本土化"药方"。

　　本书并非行动学习的理论研究类著作，它侧重于行动学习理论成果汇总和方法工具梳理，是一本实战参考书。本书围绕行动学习的理论、技巧工具、技术和实践应用类型进行关键词解读，期待能够为读者了解行动学习理论内核答疑解惑，设计、实施行动学习项目提供参考借鉴。本书主体内容以关键词解读的形式呈现，每个部分相对独立，读者既可以全书通读，也可以就感兴趣的地方直接锁定局部。但这样一来，介绍行动学习内容的逻辑完整性就会受到影响，导致论证不完整、条理不清晰。为了弥补这一缺憾，我们尝试在第一章梳理并回答关于行动学习的四个典型问题，我们称之为"行动学习四问"：为什么、是什么、干什么、怎么干。这四问是我们在深入研读学习国内外理论学者和实战专家的文章、书籍的基础上，结合个人理论研究和工作经历，对行动学习基础性问题进行的思考和探讨，我们希望通过"行为学习四问"的形式来整体性地介绍行动学习理论与实务，并以此作为本书关键词内容的补充。

　　如何评价行动学习的价值？我们认为可以从三个层面来分析：一是从建设学习型组织的任务目标来挖掘行动学习的工具价值，二是从当前新时代组织学习转型升级的发展趋势来讨论行动学习的理论价值，三是从解决国内"组织学习病"的迫切现实需要来总结行动学习的实践价值。

　　让行动学习创造更大价值，有赖于一批组织学习的理论研究者和实践推动者共同努力，携手行动！

　　以之为序。

目 录

第一章 行动学习四问
一、为什么——行动学习为什么火 3
二、是什么——行动学习到底是什么 6
三、干什么——行动学习有什么用 11
四、怎么干——行动学习如何落地实施 14

第二章 行动学习理论知识点
一、行动学习的缘起与发展 29
二、行动学习的核心理念 30
三、行动学习的主要流派 32
四、行动学习的关联理论 33
五、行动学习的功能作用 38
六、行动学习的应用模式 40
七、心智模式 40
八、行动学习催化师 43
九、行动学习会议流程 47
十、行动学习项目流程 52
十一、行动学习与引导技术 55

第三章　行动学习技巧、工具和技术

  一、催化技巧：提问 62
  二、催化技巧：倾听 64
  三、催化技巧：澄清 66
  四、催化技巧：分享 68
  五、催化技巧：反思 70
  六、催化技巧：反馈 77
  七、催化技巧：干预 79
  八、常用工具：团队破冰 85
  九、常用工具：头脑风暴法 88
  十、常用工具：头脑笔记法 91
  十一、常用工具：团队列名法 92
  十二、常用工具：匿名卡片法 94
  十三、常用工具：收集意见卡 95
  十四、常用工具：德尔菲法 96
  十五、常用工具：智慧墙 98
  十六、常用工具：鱼骨图法 99
  十七、常用工具：六顶思考帽 101
  十八、常用工具：曼陀罗思考法 102
  十九、常用工具：力场分析 104
  二十、常用工具：深度汇谈 105
  二十一、常用工具：SMART 目标制定法 106
  二十二、常用工具：5W2H1R 计划制订法 110
  二十三、常用工具：亲和图法 111
  二十四、常用工具：表格图形法 112

目录

二十五、常用工具：要素分析法 114

二十六、常用工具：停车场 115

二十七、常用工具：展览SHOW 116

二十八、常用工具：辩论 117

二十九、常用工具：角色扮演 118

三十、常用工具：投票法 119

三十一、常用工具：矩阵决策法 120

三十二、经典技术：欣赏式探询 122

三十三、经典技术：世界咖啡 125

三十四、经典技术：未来探索 127

三十五、经典技术：开放空间 128

三十六、经典技术：鱼缸会议 131

三十七、经典技术：复盘 133

第四章 行动学习项目实践应用

一、企业项目应用：行动学习推动梧州市六堡茶产业转型升级 142

二、企业项目应用：推广应用行动学习，助推企业高质量发展 151

三、政府课题应用：行动学习是抓班子、带队伍、促发展的有效载体 159

四、干部教育应用：百色干部学院以行动学习促进干部教育培训高质量发展 173

后 记 179

参考书目 181

第一章

行动学习四问

一、为什么——行动学习为什么火

行动学习火了,因为它让学习活了。现代社会变化快速,学习很多时候不仅仅是个人的需要,更是组织和工作的需要。常见的学习方式主要是讲授式、宣教式学习,这些学习方式当然有其优势所在,但其弊端在于,学习和工作、应用往往是脱节的。很多时候,人们开展工作的惯常思维是,先等领导定好调子、指明方向,再着手推动。在个别地方和单位,学习变成了表演:开动员大会,领导强调参加人员要高度重视学习,并提出具体要求,参加人员代表发言表态一定做到学用结合、学思结合;接着是专家授课,大家通过小组讨论等形式进行学习,然后提交学习报告和学习心得;最后召开结业或者结束仪式,领导总结讲话,再次强调学习的重要意义,并要求深入开展学习活动常态化。过一段时间,为落实新的文件和领导要求,又启动新的学习活动。各种学习活动搞得如火如荼,但学习效果却微乎其微,因为大家都是为文件、为领导而学习。

可以说,新的时代特点和内外部环境变化要求教育培训工作更加突出实效。行动学习之所以得到广泛推广应用,除了其本身强调学用结合、知行合一之外,实际上也折射出传统培训方式的弊端。

1. 传统培训套路玩不转了

随着移动互联网的快速发展,内外部环境变化越来越快,唯一能确定的就是不确定性，无论是政府部门还是企事业单位，组织遇到的复杂问题越来越多，以至于其对教育培训的期望越来越高。传统培训方式有一个基本假设，即工作业绩不理想是人员的知识、技能或者经验不足造成的，所以人们希望通过培训来补齐知识、技能或经验的短板，从而提升业绩。而实际上，业绩提升需要行为的有效改变，业绩的稳步提升取决于有效行为的稳定度。也就是说，培训只有带来行为的改变，才能提升工作业绩。还要注意，一时的行为改变也无法带来稳定的业绩提升，培训价值的衡量标准应该是行为的持续改变。

组织学习有技术性、适应性和制度性三大障碍[1]，分别对应"会不会""愿不愿"和"能不能"。传统的培训方式立足于知识、技能和经验的讲授，旨在克服"会不会"的技术性障碍；"愿不愿"的适应性障碍，针对的是人是否愿意改变心智模式；"能不能"的制度性障碍，则针对改变后的行为做法能否在组织制度上得到允许、在组织环境中得到支持，而后两个障碍都是传统培训方式无力解决的，因此我们需要跳出传统培训模式，重新思考新需求的满足路径。

2. 新时代催生新方法

世界在变化，形势在发展。正如习近平总书记指出的，"特别是在当今国际国内形势不断发展变化的情况下，领导干部只有认认真真地学习、与时俱进地学习、持之以恒地学习，才能始终跟上时代进步的潮流，才能担当起领导重任"，要以新的理念、新的方法、新的思路寻求解决矛盾和问题的具体办法。与工业时代环境稳定、市场单一、战略确

---

[1] 石鑫著，《搞定不确定：行动学习给你答案》，中华工商联合出版社，2016年。

定的特点不同，当前环境多变、市场跨界、战略常态化调整，组织发展不能再沿袭过去那种通过命令强行落地的方式，培训学习也不能简单依靠固定模板和强化训练推动。

新时代催生新方式。当前的组织学习和培训方法要能够精准找到问题，充分发挥人员主观能动性，要通过充分研讨达成共识，有清晰的落地方案和执行承诺，让人员互相支持、高度配合，在工作中提问、质疑和反思，做中学、学中做；要能够适时调整，阶段性复盘，沉淀组织经验和萃取学习知识；要能够激活组织成员内驱动力，提高团队智商，打造"双型组织"①，建设真正的学习型组织。

3. 干部教育要上承战略，下接绩效

在教育培训中提出"上承战略，下接绩效"观点的，时间早且有代表性的是用友大学。田俊国在《上接战略　下接绩效：培训就该这样搞》一书中指出，要让培训出绩效，强调培训要与业务计划一致，要紧贴业务开发课程，课程内容要聚焦业务需要，提倡用微行动学习保证培训落地，课后持续强化和学员交流；此外，强调要对员工进行系统性培养，在真实的挑战性任务中助推员工快速成长。

重视学习、善于学习，是我们党的优良传统和政治优势；不断加强党员领导干部教育培训，是我们党治国理政的宝贵经验。《2018—2022年全国干部教育培训规划》明确提出，干部教育培训是干部队伍建设的先导性、基础性、战略性工程，在进行伟大斗争、建设伟大工程、推进伟大事业、实现伟大梦想的过程中具有不可替代的重要地位和作用。要

---

① 双型组织，特指执行组织加自由团队（研讨小组）的组织模式。该概念由著名学习型组织专家钟国兴提出。

培养造就一支忠诚、干净、担当的高素质干部队伍，不断把新时代中国特色社会主义事业推向前进，干部教育培训就必须突出党的理论教育、党性教育和专业化能力培训，需要整合培训资源，在精准化培训上下功夫，让广大党员干部理论武装加强、党性得到锤炼、能力得到提升，让干部队伍呈现出良好的精神风貌。

干部教育也要上承战略，下接绩效，自觉服务于"四个伟大"。伟大斗争、伟大工程、伟大事业、伟大梦想，紧密联系，相互贯通，相互作用。"四个伟大"集中体现了党的十八大以来以习近平同志为核心的党中央治国理政的新理念、新思想、新战略，统筹推建"四个伟大"是中国共产党不忘初心、牢记使命的必然要求，具有重大的现实意义和深远的历史意义。衡量干部教育成效的关键，就是锻造一支忠诚、干净、担当的高素质干部队伍。各个历史时期党对干部的要求尽管不同，但忠诚、干净、担当是始终不变的选人用人标准。建设忠诚、干净、担当的高素质干部队伍，是贯彻新时代党的组织路线的关键。

二、是什么——行动学习到底是什么

通用电气前董事长兼首席执行官（CEO）杰克·韦尔奇曾公开宣称，"行动学习是通用电气变成'全球思想、快速转变组织'的主要策略"。世界领先的全球管理咨询公司麦肯锡公司在调研美国市场排名前50名公司的200名高管后得出结论：从对公司的有效性和对个人能力发展的有效性两个维度评价，行动学习在众多人力资源发展技术中综合得分最高。彼得·德鲁克、彼得·圣吉等知名国际管理学大师也都很推崇行动学习。那么，行动学习到底是什么？接下来，我们将聚焦行动学习的概念和理论，进行论述。

关于行动学习的定义有很多，理解更多。有人说"不断换桌子的世界咖啡就是行动学习"，有人说"行动学习就是做项目"，有人说"行动学习就是干中学、学中干"，也有人说"不要管行动学习是什么，只要有用就行"……对于行动学习，我们既要本着务实的态度，追求应用实效，也要对其概念和理论进行充分探讨，以求达成共识，做到"名正言顺"。名不正，虽能行，但行之不远矣，在推行中遇到困难就会很容易放弃，对出现的新经验和做法是进行提炼创新还是给予干预叫停也弄不清楚。所以，对行动学习进行追根究底是必要的。

1. 最开始是一个公式

雷格·瑞文斯被尊称为"行动学习之父"，他最早提出了行动学习的概念，并在1971年出版了《发展高效管理者》一书，正式提出行动学习的理论与方法。瑞文斯认为，行动学习是一种互助咨询的学习方法，行动学习不是一个人独自读书学习和听课，而是多人组建一个小组，小组成员相互提问、相互解答、相互帮助，从而形成紧密相连的互助解决难题的团队。

瑞文斯对于行动学习并没有给出明确的定义，这与他提倡行动学习要有平等、开放的心态，重视质疑和反思，鼓励大胆提问，敢于打破旧有思路的理念是吻合的。瑞文斯提出"L (learning) =P (programmed knowledge) +Q (questioning insight)"，即"学习＝结构化知识＋洞见性提问（质疑）"。他认为，对于常规性问题，结构化知识可以解决，要在复杂且具有不确定性的环境里处理难题，则不应过分强调确定的知识，而应重视质疑和提问，通过提问厘清思路，激发新的思考，这才是解决难题的关键。

2. 其他学者进行发展完善

英国学者伊恩·麦吉尔和利兹·贝蒂对行动学习展开研究，并给出了定义。他们指出：行动学习是一个以完成预定的工作为目的，在同事的支持下不断反思与学习的过程。在开展行动学习的过程中，参加者围绕工作中遇到的实际问题，学习解决问题所需要的知识，反思自己的经验，相互交流和学习，形成创造性解决实际问题的方案，并在实践中付诸行动。

行动学习在国外有多个流派和研究机构，各有侧重，各有发展。美国培训认证协会（AACTP）对行动学习的定义得到了较为广泛的认同——行动学习是一个团队在解决实际问题中边干边学的组织发展技术及流程。① 国际行动学习协会（WIAL）创始人迈克尔·马奎特教授在《行动学习进行时》（*Action Learning in Action*）一书中发展了行动学习的公式，提出"L=P+Q+R+I"，其中 R（reflection）为反思，I（implementation）为执行，即"行动学习＝结构化知识＋洞见性提问（质疑）＋反思＋执行"，这个公式得到各界广泛认可。迈克尔·马奎特提出，行动学习是一小组人共同研究真实的问题、采取行动并从中学习的过程，是一种强有力的管理工具，能够为个人、小组、领导者和组织创造一个成功地适应、学习和创新的动态机会。

结合行动学习在国内的实践应用，国内一些学者也进行了本土化研究和总结。作为行动学习的早期引入者和实践者，国家行政学院前副院长陈伟兰，曾先后主持西部省区、澳门特别行政区、东北地区等高级领导人才和管理人员的行动学习研修项目，提出行动学习法是学习知识、

---

① 刘永中著，《行动学习使用手册：一本书讲透行动学习如何落地》，北京联合出版公司，2015年。

分享经验、创造性研究解决问题和实际行动"四位一体"的方法。① 这一理念获得了各地组织系统和干部教育培训者的广泛认同。

3. 跨国公司率先实践

1981年,杰克·韦尔奇接任通用电气董事长兼CEO,当时的通用电气正面临着巨大的挑战:过度强调分散经营,导致其失去业务发展焦点;强调分散经营责任制的架构,导致内部业务板块间壁垒森严,部门职责重叠,资源配置极度分散,整个企业运营执行不力,有令不行、有禁不止。杰克·韦尔奇认为,解决庞大的官僚机制带来的问题,最有效的办法莫过于通过行动学习促使一线员工参与管理决策。

于是,通用电气与哈佛大学合作,针对实际需求,开发了新的行动学习方法——群策群力法(work-out)。企业相关人员以简化运营流程、提升组织执行效率为目标组建小组,通过研讨形成解决方案。这是行动学习的一次重要演进——从早期的多问题模式演进出小组单一问题模式。行动学习为通用电气带来的巨大成功,深深震撼并吸引了企业界,因此,行动学习作为组织解决重要、复杂问题和人才发展的有效范式迅速崛起。接下来,花旗银行、壳牌石油、波音、强生、杜邦和西门子等众多世界500强企业纷纷引入行动学习,广泛应用于新产品开发、提升服务质量、降低生产成本、缩短生产和交付时间、拓展客户渠道及改变组织文化等领域;同时,也把行动学习作为领导力开发、团队建设和组织能力提升的主要方法。在国内,华润集团、中粮集团、中国建设银行、中国化工集团、国家电投集团、平安集团、北京建工集团等一大批

---

① 陈伟兰著,《行动学习法在我国公务员培训中的实践——甘肃省中高级公务员培训案例》,《国家行政学院学报》,2002年第3期。

企业也都纷纷在组织内部探索和实践行动学习。

4. 把握内容形式与本质内涵（方法与理念）的关系

认识和理解行动学习需要把握好内容形式与本质内涵的关系，这一关系也可以简单理解成方法与理念的关系。先讲本质内涵。行动学习提倡自由、平等的学习理念，这与我国传统教育思想是相通的，也符合当前时代特点。《礼记·中庸》中提到"博学之，审问之，慎思之，明辨之，笃行之"，与行动学习中提到的结构化知识、洞见性提问、反思、承诺和执行等要求是一致的。行动学习重视行动，强调实践，主张"行动中学习，学习中行动"，这与明朝思想家王阳明提出的"知行合一"思想也是相通的，知是行之始，行是知之成。行动学习不能说是西方人的发明创造，而应该是一种对学习方式的总结和提炼，因为这种学习方式本来就有，在中国可以追溯到先秦时期的启发式教育。孔子带领弟子周游列国14年，经历种种艰辛困苦，收获特别的人生体验，《论语》实际上就是孔子带领弟子们开展行动学习的经典语录，《论语》中不仅有"子曰"，也有"曾子曰""子路曰""冉有曰"等，这相当于行动学习中的头脑风暴或团队列名。

甚至可以说，行动学习的"根"在中国。随着时代的发展，越来越多富有个性的"新青年"走进职场，他们更在意自己是否得到尊重，能否找到可以表现自我、施展才华的舞台。成长的环境决定了他们需要更多对决策的参与权、更充分的信任和授权、更高的自我价值实现。行动学习非常匹配他们的特点，因此成为组织适应新需求和新变化的一种有效应对措施。

再讲内容形式。行动学习有一系列规则和流程，也有不少的技巧和方法，应用模式有小组单课题和小组多课题两类，这些具体内容将在本书后面的章节中进行介绍。我们认为，只要符合行动学习理念的做法都是行动学习方法，判断和衡量行动学习要从理念契合度上进行分析，而非拘泥于已有的模型或做法。同时，我们鼓励本土化的实践创新和理论深入研究。

三、干什么——行动学习有什么用

1. 回归爱学习的本性

学习是人类的天性。对知识的渴求，是人类本性的一部分。学习本身可以是非常有趣的，学生可以从学习中得到快乐。然而我们对知识渴求的欲望往往被反复的模式化应试教育扼杀，学习的乐趣被无休止的测验与考试取而代之。古希腊哲学家苏格拉底说过："教育不是灌输，而是点燃火焰。"英语"educate"中的"duc"的意思是"引导"出学习者内心的潜质，"点燃内心的火焰"是学习的本源。行动学习的理念和方法提倡自由、平等，鼓励参与、探讨、倾听、反思，让学习回归生动有趣，让学员回归内心平和，挖掘潜质，释放潜能。

行动学习并非对传统学习的延续或者简单加码，不会重复过去某些运动式的学习管理方式和形式主义的做法。很多成年人，尤其是部分领导干部在学习时，往往在不知不觉中陷入自上而下运动式的、形式主义的学习模式，以会议落实会议、以文件落实文件，行动学习要破除的正是这种学习的形式主义做法。

2. 补齐国人思维短板

我们在学习研究西方学者关于行动学习的相关论著，如迈克尔·马奎特的《行动学习：原理、技巧与案例》《行动学习实务操作：设计、实施与评估》和朱迪·奥尼尔、维多利亚·J.马席克合著图书《破解行动学习：行动学习的四大实施路径》时，往往会发现书中对于行动学习理念的相关内容讲得比较多，而关于行动学习具体的方法和技术实操内容介绍则不常见。究其原因，与国内外教育培训背景密切相关。国外教育培训和企业对于结构化研讨和管理工具、方法的使用已经较为普及，各类协会、社团和公益性组织的培训也是如此。因此，西方对于行动学习的推广更多是需要将行动学习相关理念讲清楚并获得认同，而实操层面具体方法的应用不是重点。反之，国内接触这些工具和方法的机会不是太多，各类培训机构和学员对于常用的管理工具和方法还很陌生，即使有接触和了解，对其规则的掌握和步骤的运用也谈不上熟练。因此，我们对于行动学习的推广应用，既要关注理念、理论，更要关注具体方法的实操演练。

钟国兴在其著作《找点：精准高效的做事方法》中提出，西方人的思维方式是点式思维，强调做任何事情都要从一个点开始，精准到一个一个点上，注重流程、操作规程；而中国人的思维方式具有模糊性特点，不太爱"较真儿"，因此，尽管我们引进了西方那些具体的、科学的、严格的、精准的管理模式，但实施起来效果仍打了折扣。通过行动学习、点式思维、团队智商和链式学习等一系列精准高效的做事理念和方法，可以帮助弥补国人思维的短板，但前提是我们在具体的实施过程中要"较真儿"，要遵守规则、流程和步骤，不走样、不跑偏。

3. 推动组织变革

处在当前快速变化发展的环境中，变革成为组织的应对之策。无论是政府部门进一步简政放权、优化营商环境，还是企业不断转变经营管理模式，推动组织实现战略变革是摆在管理者面前的共同课题。行动学习通过学习与工作相融合，进而推动组织变革和个人成长，在帮助干部教育培训变革和企业经营管理、学习模式转变方面起到重要的支撑作用。

行动学习理念符合干部教育培训的理念转型。理念转型是干部教育培训转型的首要环节，它直接决定了干部教育培训工作的目标定位：学员为本，按需培训，组织需求、岗位需求、个人需求三位一体，素质优先，能力导向。在加强信念教育的同时，把干部教育培训的重点转到提高干部的执政能力上，以问题为导向，联系实际，学用结合，学以致用，推动学习工作化、工作学习化。

行动学习方法符合干部教育培训的模式转型。在坚持适用、科学、规范的原则下，强调引导式教育和启发式教育相结合、教员的主导性和学员主体性相结合，进一步巩固完善讲授式教学，不断创新新型教学方式。行动学习可以增加教学的生动性和趣味性，在调动学员学习主动性和创造性的同时，突出教学方式创新，不断提高教学的针对性、实效性。

习近平总书记指出，领导干部的学习水平，在很大程度上决定着其工作水平和领导水平。彼得·圣吉在《第五项修炼：学习型组织的艺术与实践》里讲过，"从长远来看，你的组织唯一可持续的竞争优势，就是比对手更好、更快地学习的能力。学习力决定了竞争力"。当前，我们进入人工智能时代，这是一个"数据重构商业、流量改写未来"的时代，需要组织适应从稳定到快变的经营模式变革。海尔集团CEO张瑞敏指出，所有企业无非两种结局：一种是"他杀身亡"，一种是"自杀重生"。从某种程度上讲，所有的百年老企业都是"自杀重生"的典范。

工业经济时代倡导科学管理和物化思维，其逻辑基础是工具人和经济人假设，管理者强调命令与执行，以指挥者自居。知识经济时代则倡导人本管理和完人思维，逻辑假设的基础是社会人和复杂人，要求管理者学会授权、提供辅导和给予支持，这与行动学习倡导的理念、原则是高度一致的。行动学习是个人和组织学习模式变革的重要方法与手段，能够帮助个人和组织更好地适应环境变化而发展壮大。

四、怎么干——行动学习如何落地实施

组织和个人如何有效地应用行动学习，需要提前做好哪些准备？行动学习适用于什么样的情境，能解决什么样的问题？行动学习如何具体落地实施，如何保障和评估效果？我们在实际工作和生活中推广和运用行动学习，不妨从以下五个方面进行思考。

1. 理念导入，把几个问题讲透

行动学习同理论学习、案例教学有较大区别，同体验式、引导式学习和教练辅导学习有不少联系。在组织中，推广和创新行动学习，首先要导入理念，把与行动学习相关的几个问题讲透彻。

（1）如何理解行动学习

众多研究学者和实践专家对行动学习给出了多种定义，不同理论流派和实施模型也有相应的理解。综合各种观点主张，我们可以从三个层面理解行动学习。首先，行动学习是一组成员共同解决组织中实际存在的问题的过程和方法，不仅关注问题的解决，也关注小组成员的成长和整个组织的发展。其次，行动学习通过一套完整的框架，保证小组成员

能够在研究和解决问题的过程中，通过成员对已有知识和经验的相互质疑及反思来实现学习和发展。最后，行动学习是一种综合的学习方式，包括从已有的知识中学习、从个人的经验中学习、从其他成员的经验中学习，以及在探索性地解决问题的过程中学习。

（2）行动学习能解决哪些问题

行动学习并不能解决所有问题，如理论学习和政策宣传，运用专家讲授效果更好。此外，与技术研究有关，尤其是涉及技术优化和迭代路径的问题，专家指导的效果也远优于不同背景人员（较多技术门外汉）进行研讨。

行动学习适用于"难题"的解决，这种难题的解决方式没有正确、标准和唯一的答案，人们需要通过不断提问和质疑反思来引发新的思考、行动和学习，从而找到最适合的答案。行动学习的目的不是解决谜题——被认为有已知答案，但我们并没有找到这个答案；而是解决复杂的难题——并没有唯一正确的行动方式，不同的人可能会用不同的方式来应对。

难题从不确定性和协助程度两个维度来分析，可以分成需要快速行动的关键性难题、需要进行规划的难题和一般性复杂的难题。需要快速行动的关键性难题如安全事故或自然灾害等难题，解决这类问题要快速行动，几乎不可能有时间来考虑过程。规划建设学校、厂房等问题属于需要进行规划的难题。这类问题虽然也比较复杂，但是可以参照现成的流程和规范，利用工具进行理性规划，可以通过几次工作部署明确任务、进度和分工，所以相对温和。激励员工、后备人才培养、企业战略转型、绩效改进和提升、团队文化建设等问题是一般性复杂的问题。由于其涉及利益相关者之间复杂的相互依赖关系，对其采取简单的策略和行动往往会产生事与愿违的后果，因此，需要通过提问、质疑、反思、达成共识、相互支持、采取行动和复盘总结来进行深思熟虑的尝试，同时要审慎地规避风险。①

（3）行动学习有哪些应用方式或实施模型

目前行动学习的项目制模式在企业中应用比较广泛，这种模式会设置几个环节，开展为期数月或者一年的学习项目。那么，除了项目制模式，是否存在其他应用方式？每种方式又有哪些特点？

实际上，根据难题的来源不同，行动学习可以划分为两种基本课题模式：小组单课题模式和小组多课题模式。②小组单课题模式，主要指由整个小组共同解决一个难题，通常主要针对组织里的难题或挑战组建学习小组，小组成员通常来自同一个组织。由于解决的是组织"头疼"的课题，因此，小组单课题模式容易获得组织负责人的支持。目前国内企事业单位和机关部门主要采用小组单课题模式。

小组多课题模式，主要指每位参与者带来自己的个人难题，行动学习小组成员互相帮助，共同解决每个人的难题的模式。小组成员可以是来自同一个单位或部门的熟人，也可以是一群没有交集的陌生人。这种模式的特点是轻便灵活，有利于改善和突破心智模式，有助于推动各级管理者发展领导力，打造人才梯队，提升部门协同和推动组织发展。同时，这种模式针对个人难题提供支持，更关注个人需求，因此更容易获得小组成员的真诚参与，其收获也更明显。国内企业中应用比较广泛的圆桌会议就属于小组多课题模式。

---

① 迈克·佩德勒、克里斯蒂娜·阿博特著，郝君帅等译，《行动学习催化秘籍》，机械工业出版社，2015年。
② 唐长军著，《行动学习画布：团队互助学习实操指南》，电子工业出版社，2019年。有改动。

2. 试试水温，尝试结构化研讨

开展行动学习，无论是采用小组单课题模式或小组多课题模式，还是采用将二者结合在一起的小组混合课题模式，我们都需要把握好问题、小组、流程、方法、工具和行动几个要素，做好前期需求分析和情况研判，明确实施方案，做好过程实施管理并进行总结评估。无论是先确定问题再组建学习（项目）小组，重构问题，还是先组建学习（项目），小组再提出具体问题进行层层解剖，在学习（项目）的具体实施上，都需要结合组织面临的具体情况进行方案设计，并不存在一套万能的操作流程和实施步骤。

在推广和运用行动学习的过程中，对于初学者，我们建议在操作上先"试试水温"，尝试采用结构化研讨进行一次三个小时左右的工作坊式行动学习体验，每组九人左右，要解决的难题可以是组织或工作岗位面临的问题，也可以是个人面临的挑战。小组成员可以提出问题、质疑反思，形成对问题的重构，剖析原因并找出解决方案，同时，要事先明确研讨的环节、步骤和规则，确保整个研讨活动一环扣一环，有序进行。结构化研讨常用的工具和方法如头脑风暴、团队列名、SWOT分析、鱼骨图、世界咖啡、开放空间等，都可以灵活使用。在这方面，山姆·肯纳等学者在《结构化研讨：参与式决策操作手册》一书中围绕引导技术在组织开会和研讨中的应用进行了详细介绍，该书可以作为学习了解西方有关组织学习技术和结构化研讨操作方法的参考书。

需要注意的是，结构化研讨并不等同于行动学习。结构化研讨通过实用工具、清晰流程来提高分析和解决问题的效率，侧重于方案和解决，但对于质疑、反思等改善心智模式等深层次认知问题关注不够。结构化研讨可以作为组织最早开展行动学习的感知方式和切入点，在实施过程中，指导人员（行动学习催化师或促动师）可以引导小组成员运用提问、倾听、质疑、反思等技巧，让小组成员关注和改善心智模式，获得更好的成长。

结构化研讨的小组，具体可以设计成一个结构化研讨工作坊。工作坊是一种新型的学习和工作方式，它的英文"workshop"具有车间、专题研讨会、专题创作培训、实习班、实验班等含义。它于20世纪60年代起在美国开始流行，目前在国内已得到普遍应用。一般而言，工作坊以一名在某个领域富有经验的主讲人为核心，10~20人的小团体在主讲人的指导之下，通过活动、讨论等方式，共同探讨某个话题。结构化研讨工作坊可以由行动学习理念导入和结构化研讨方法应用两部分组成，中间贯穿使用能够促进学习反思和达成共识方案的不同的催化技巧。

3. 把脉问诊，直达病灶见效快

我们在开展行动学习的培训过程中，经常遇到这样的情况：很多学员在刚开始的时候对行动学习充满了新鲜感，在课堂上讨论得挺热闹，都说培训很实用，但课后跟踪问效，很多人反映，自己回到工作岗位之后，基本上没有按照计划推进，可谓大张旗鼓引入，偃旗息鼓收场。行动学习将解决实际难题同个人发展整合为同一过程，这既是行动学习的优势所在，也是组织引入行动学习的难点所在。我们在启动行动学习（项目）小组之前，需要做好充分的准备工作，给组织把脉问诊，开方抓药方能直达病灶，精心调理才能快速见效。

（1）确定组织是否有难题、能否给支持

难题是行动学习的载体，组织如果没有需要解决的难题，也就失去了应用行动学习的前提。正如前面论述过的，并非所有难题都需要用行动学习来解决。如何权衡组织难题是否适用于行动学习？不妨以五个问题为切入点①：

①有没有人知道问题的答案？
②是关键紧迫的业务问题吗？
③是对工作成果产生关键影响的问题吗？
④是必须解决的非结构化问题吗？
⑤对于解决问题，大家愿意积极参与吗？

如果得到的全部为肯定答案，那么这个难题就是行动学习可以解决的难题，组织就能引入行动学习。在具体实践上，此类难题往往是同绩效或业务挂钩的难题，适用于小组单课题的行动学习模式。当然，组织成员也可以找一些个人难题，组成小组开启行动学习之旅。选择个人难题并没有什么限制约束，真实、重要和紧急的个人难题都可以。

组织支持对于开展行动学习也是至关重要的因素。组织支持具体来讲，包括两个方面：一是"真难题"，即组织敢于直面问题，敢于拿出真难题让大家推心置腹地交流与研讨，而不是拿一些无关痛痒的问题或课题让大家研究；二是"真行动"，行动学习不是坐而论道，而是关注实际问题的有效解决，强调知行合一，需要小组成员群策群力，达成共识，深入剖析原因和提出切合实际的解决方案，并形成固化成果，体现在实际行动上。因此，组织需要在时间、精力和资源上给予支持，定期跟进方案执行情况和进度，总结复盘，进行提炼和指导，通过事先明确的奖惩措施，给参与者营造一个相对紧张和刺激的挑战性情境，从而激发大家想赢的欲望，进一步释放潜能。

---

① 石鑫著，《搞定不确定：行动学习给你答案》，中华工商联合出版社，2016年。有改动。

（2）选准合适的人，明确关键角色

重视规则和流程，是行动学习确保最终效果的重要前提。为保证规则和流程得到切实执行，需要安排好相关人员和角色。有相关学者用"六张王牌"来打比方：

一是发起人。发起人一般指的是能拍板、具有决策权的组织高层领导。在行动学习项目中，发起人需要界定课题边界，全程参与支持项目，持续沟通清除执行障碍，鼓励激发成员活力。

二是召集人。召集人相当于项目经理，主要负责具体管理和跟进行动学习过程，协调和提供资源。召集人一般由发起人委派，具有一定层级和良好的沟通、协调与调配资源的能力。

三是引导师或者催化师。这是非常关键的角色，负责行动学习的设计和过程把控。担任这一角色的人需要具备良好的引导技巧、沟通和协调能力，同时做事要认真负责，工作有激情，有稳定的心理素质。催化师可以外聘，也可以来自内部。刚开始可以先邀请外部催化师，接着逐步培养内部催化师队伍。深入持续开展行动学习，离不开一支专业的内部催化师队伍。

四是组长。在催化师的指导下，组长负责协助开展小组研讨、做好团队建设，包括定期开展小组聚会，帮助保持整个团队的积极状态。

五是组员。传统培训常常面临的一个问题，就是工学矛盾突出。学员感觉培训增加了麻烦，而不是解决了问题。行动学习选择组织中的重点、难点问题作为课题，对于学员来讲，参加学习就是解决问题。同时，课题对于学员具有足够的挑战性——对于这样的课题，常规的解决方法行不通，学员被激发出解决问题的最大渴望和动力，能够充分发挥自主性。从来源上讲，组员以组织内部人员为主，也可以从外部引进一些小组成员。组员要对问题有基本认识，关注问题解决，组员的专业背景互补性要强,要有稳定性。

六是专家。行动学习强调小组成员之间的民主、平等,反对有碍于共享共创环境的职位、职称和身份头衔等具有等级及权威性因素的干扰。但是,行动学习从不反对专家理论和专业支持,在项目启动前,理论导入和方法知识介绍就要发挥专家的作用;随着课题的推进,小组成员具有在短期内无法通过自身努力学习弥补的理论或专业缺陷,也需要结合课题及时邀请专家提供支持;此外,当方案进入评审阶段,也可以邀请专家对小组方案给予指导和点评。值得强调的是,行动学习要发挥专家的作用,需要专家提供理论和专业支持,但不能唯专家是从。

4. 开方抓药,一明一暗两主线

严格来讲,拿出课题,组成小组,用结构化研讨的有关方法形成一份关于课题的方案或者报告,而后续缺乏方案落地执行、效果评估和总结复盘的学习做法,并不是真正的、严格意义上的行动学习。但同时,我们也要认识到,这种用结构化研讨和行动学习催化技巧来组织课题分析、研究,形成解决方案的学习活动,可以理解成行动学习项目的一个阶段,或者方法体验,这种课题式结构化研讨学习活动是有价值的,应该鼓励组织推广应用。有很多学者和管理者甚至提倡"微行动学习",即用行动学习的方式进行一些问题的小研讨。他们认为正襟危坐、正儿八经地搞行动学习反倒容易变样,行动学习要成为一种工作、生活方式,同工作、生活充分融合。中粮集团前董事长宁高宁曾对行动学习做出这样的评价:"行动学习是企业文化的一部分,它是我们将员工聚集在一起快速解决问题的方法。学习是将企业战略落地的重要途径,学习是工作的重要组成部分,学习与工作密不可分。"

我们这里谈到的"开方抓药,一明一暗两主线",针对的是从聚焦组织绩效出发的学习项目,以及在具体项目设计和实施过程中要把握的原则及注意事项。"一明一暗两主线"是指行动学习在实现组织战略目标及组织绩效的同时,必须紧抓的组织能力提升和心智模式突破两个关键点,这也是贯穿于项目设计和实施过程中的两条主线。"明线",即组织能力提升,这是在整个项目过程中全体成员共同追求的任务目标,知识拓展、流程优化和技能熟练等都是提升组织能力的有效举措。而在这些看得见、摸得着的行为和绩效背后,则是"暗线",即思维模式和心智模式的转变。如果组织能力不提升,那么何谈组织绩效提升?而组织能力的提升又取决于思维模式和心智模式的改变。

心智模式也称"心智模型"。心智模式概念是20世纪40年代由苏格兰心理学家肯尼斯·克雷克提出的,指深深扎根于每个人心中关于自己、周围人、组织和世界每个层面形成的假设、形象和故事,并深受每个人的习惯思维、定式思维及已有知识的影响。传统培训更多将焦点放在方法、工具、流程方面的学习上,属于以问题解决为导向的管理技能学习,按照组织学习理论的重要观点"双循环学习理论"来划分,属于单循环学习。而行动学习以强调心智模式改善为导向,侧重于心智层面,即动机、信念、价值观层面的探寻,从而找到事物的本源,这属于双循环学习。(这部分内容在第二章会有详细介绍。)

行动学习基于团队完成一个共同的任务,在催化师的催化或促动下营造出一种学习和工作的场域,在这种场域下,参与者更容易发现自己和团队的盲点、误区,并更有意愿和压力加以改善。行动学习鼓励每个参与人员发表意见,以游戏的方式增强参与感和体验感,变枯燥低效的会议为轻松高效的研讨。同时,行动学习一对多的形式,避免了一对一时人自然产生甚至会强化的防卫心态，对于改善和突破心智模式大有裨益。①

5. 摘掉面具，建设真正的学习型组织

习近平总书记指出，高度重视学习，善于进行学习，是我们党的优良传统和政治优势。党的十九大报告提出要"推动建设学习大国"，"加快建设学习型社会"。更好地落实中央的决策部署，成为摆在每个组织，尤其是党政机关、企事业单位面前的一项重要任务。但与此同时，我们在推动学习大国建设、学习型社会建设的过程中仍面临很多问题，突出体现为学习培训中存在的形式主义、填鸭式灌输、学用脱节等弊病。有的单位和个人，学习计划安排详尽周密，但只是为了应付检查，没有真正下功夫去抓落实；在学习过程中，部分教师没有与时俱进地联系实际问题，用理论回答现实问题，以至于学员学习不见成效；组织学习心得交流，参与者前期没有静下心读书学习，思想感触不深，联系实际不紧，汇报千篇一律；检查学习督促，监督者主要看学员是否出勤，指定的学习书本上是否画了杠杠、做了眉批，心得写了几篇，不注意督促用心学、见实效。

行动学习和其他相关的团队学习方法与技术是推进组织摆脱面具文化的重要工具及载体。学习培训要想真正入心入脑，解决问题，取得实效，从组织文化上来讲，需要组织摘掉面具，建设真正的学习型组织。瑞士心理学家、分析心理学的创始者荣格提出了人格面具理论，认为人在潜意识里具有一种能够依照不同场景、场所来调整自身角色的能力。

---

① 刘世龙著，《行动学习：让培训直接产生绩效》，北京联合出版公司，2018年。

实际上不仅在潜意识中如此，在实际生活中，我们每个人都扮演着多重角色，诸如父母、子女、领导、下属等，我们每天都在根据场景不断转换自己的角色，当某一种角色可以让我们获得前呼后拥的追捧，满足我们日益膨胀的虚荣心时，我们就容易因对这个角色扮演过度而戴上面具。① 领导者的这个角色，就容易给管理人员戴上面具，使其不愿转换角色，在学习培训中仍以领导角色出现。而参与者最擅长判断领导是否戴着面具，这样一来，培训学习、研究问题的结果就变成"领导最聪明，我们听话照办"，也就是说：研究问题不积极，谁是领导谁讲话，其他人不讲实话讲虚话；大家一本正经来演戏，主角、配角已确定，各自照着剧本进行。钟国兴在《带着问题学：裸面学习法》一书中对此有个形象的说法：面具效应。领导将工作变成表演，机械地背诵台词，下级为了应对领导的要求也纷纷进行表演，说假话、空话、套话，尽可能顺应和恭维领导。这样一来，学习培训成为又一个表演的舞台，这样组织的学习培训活动想要能够入心入脑、取得实效，无异于天方夜谭、痴人说梦。

　　如何摘掉面具？首先，领导要转变角色、改变心态，从发号命令的指挥者转变成平等研讨、攻坚克难的合作者；从层层向上汇报，上级领导做决定转变成层层向下授权，下属群众出办法；从领导干部拍脑门"最聪明"转变成基层群众接地气"最智慧"。其次，重点是要有一套方法和流程来帮助领导摘掉面具，更要形成支持摘掉面具的组织文化，从组织建设和长效机制上给予保障。

　　行动学习法就是一个好用的工具，它用一系列规则和流程来提高团队研讨的效果，有一套能看得见、摸得着、能落地的实施步骤来保证效

---

① 杜吉国著，《开展批评与自我批评首先要摘掉面具》，《学习时报》，2013年10月21日。

果。因此，各类组织、机关和企事业单位应以行动学习法为抓手，围绕工作中的重难点问题，扎实开展一系列行动学习项目，培养一大批内部催化师，组织全体成员了解掌握催化技巧和沟通技巧，让大家有共同愿景目标和行动路线图，将行动学习作为一种工作和生活方式，鼓励大家参与，鼓励团队共创，鼓励质疑反思，不拘泥具体形式，把握精神实质，灵活改造和创新发展，形成爱学习、善学习的组织文化，建设真正的学习型组织。

第二章
行动学习理论知识点

关于行动学习，不少人的第一印象就是头脑风暴、团队列名、团队共创、世界咖啡、解决问题几步法等学习工具，简单地把行动学习看成一个解决问题的百宝盒，这实际上是对行动学习的误解。

什么是行动学习？前文提到，"行动学习之父"雷格·瑞文斯并没有给出明确的定义，他提倡行动学习要有平等、开放的心态，重视质疑和反思，鼓励大胆提问，敢于打破旧有思路。从本质上说，行动学习是一种学习理念，而非工具技术，行动学习其实没有固定的工具方法，只要是符合行动学习理念的工具方法，就可以拿来使用，因此也可以说，行动学习的工具方法无穷无尽。

真正指导行动学习运用推广的是其理论。本章就重点介绍行动学习的相关理论。

一、行动学习的缘起与发展

在第一章中，我们详细介绍了行动学习的定义及理论发展。在这里，我们再总结一下。

1938年，雷格·瑞文斯最早提出行动学习概念，他认为行动学习可以概括为一个公式：L=P+Q，即"学习 = 结构化知识 + 洞见性提问（质疑）"。

国际行动学习协会创始人迈克尔·马奎特发展了这个公式：L=P+Q+R+I，即"行动学习 = 结构化知识 + 洞见性提问（质疑）+ 反

思 + 执行"。

此外，各流派对行动学习的定义也各有侧重，其中简洁且影响广泛的定义是美国培训认证协会给出的定义：行动学习是一个团队在解决实际问题中边干边学的组织发展技术及流程。

20 世纪 90 年代，行动学习开始受到我国培训机构的关注。1998 年，中组部培训中心将行动学习法引进我国公务员培训领域，进行了积极的研究和探索。行动学习早期引入者和实践者陈伟兰提出，行动学习法是学习知识、分享经验、创造性研究解决问题和实际行动"四位一体"的方法。

二、行动学习的核心理念

行动学习的不同定义和学习公式各有所侧重，从理论表述和推广应用来看，行动学习具备小组、难题、结构化研讨、执行验证和总结复盘等要素。我们认为行动学习研讨会或项目的核心理念有四个方面。

1. 真实的挑战性难题

行动学习可以帮助解决组织（或个人岗位）发展过程中面临的重大问题，这些问题也应该是和组织成员有关联的，作为责任主体的组织成员，对这些问题要有所了解且具备一定的经验和感悟；同时，对这些问题的提出和可能得到的预期结果要有开放的心态。

2. 成员深度参与

在行动学习中，组织者和催化师要让每个人都参与进来，给予每个人平等且充分的发言机会,当成员的观点被小组(团队)采纳时,他就会感受到自己在团队中的价值,这种感受给他的激励作用是巨大的。小组(团队)成员的参与和相互之间的互动,对推动和促进团队目标的达成具有关键性的作用。在实践中,催化师和组长的作用也很关键,他们要充分调动成员参与的积极性,让大家围绕目标,按照相关规则和流程,群策群力。

3. 开诚布公的研讨氛围

开展行动学习,要想让小组成员有效思考,就要在时间安排上适度轻松,营造宽松的氛围。如果没有良好的氛围,很难形成开诚布公的研讨局面,那么小组成员对行动学习的体验就是浅层次的。

在行动学习的过程中,有固有知识、经验、思维模式、认知结构的小组成员会接受到很多新想法、新观点,这些新想法、新观点或许会引起小组成员的共鸣,但更多的是会改变甚至颠覆其原来的想法。接受这种改变或颠覆,对每个小组成员来讲,都不是一件容易的事情。所以,开展行动学习,需要慢慢培养深度互信、融洽的氛围,最终让大家互诉衷肠、吐露真情。

在时间紧张的情况下,研讨不充分,很容易流于形式,而机械地按照固定流程进行研讨,将难以激发小组成员之间的深度连接,以至于研讨质量不高,大家很难通过研讨进行深入反思。所以,要通过催化师引导,促进小组成员深入反思,并通过反思改进行为,改变价值观、信念和精神结构。

4. 执行落地

平时的会议或研讨，经常出现的情况就是，相关人员针对真实存在的问题付出大量的时间和精力参与讨论，形成了一份大家达成共识的方案，以供具有决策权的领导参考，但这份方案最后没有得到组织或领导的支持，得以真正付诸实践，以至于会议参与者的积极性下降或消失。问题得不到解决，组织没有因此变好，这种情况持续下去，必然导致团队士气低落，战斗力下降。开展行动学习不仅仅要直面工作或岗位面临的实际问题，更要按照一定的步骤让这些问题真正得到解决。

三、行动学习的主要流派[①]

1. 国外理论研究四流派

行动学习在国外有四个流派影响较大，分别是经典流派、反思流派、美式流派和业务驱动型流派。

2. 国内实践应用三流派

在国内组织实践中，行动学习被普遍认为可以在三个领域产生很大的价值：其一，用行动学习的方式培养人和发展领导力；其二，用行动学习的方式提升团队凝聚力；其三，用行动学习的方式解决业务实际问题。基于此，国内对行动学习的应用可分为三个流派：发展领导力流派、达成战略共识流派、解决业务问题流派。

---

① 田俊国著，《上接战略 下接绩效：培训就该这样搞》，北京联合出版公司，2013年。

四、行动学习的关联理论[①]

1. 经验（体验）学习理论——库伯经验学习圈

1984年，心理学家大卫·库伯在他的著作《体验学习：让体验成为学习和发展的源泉》一书中，提出了颇具影响力的体验学习概念，即经验学习圈理论。他认为学习由四个阶段构成：具体经验—反思性观察—抽象概念化—主动实践。人们在实践过程中产生各自的体验认知，然后对这种体验认知进行观察反思，进而概括总结体验，形成抽象化的理论，再根据理论再次行动。学习就应该在这样循环往复的过程中持续进行（见图2-1）。理论上，这样的循坏会一直重复下去，学习和行动是不可分割的。

在行动学习的过程中，小组成员针对实际存在的问题，回顾与反思各自的认知和经验，对问题的本质做出判断，并通过对认知经验的总结提升，达成对此类问题规律性认知的共识，形成解决问题的方案，进而，在方案实施的过程中，检视方案的有效性，从而形成新的认知和经验，进入下一个学习循环，直到问题得到圆满解决，规律性的认知得到充分验证和强化。

[①] 行动学习关联理论部分参考大卫·库伯著，《体验学习：让体验成为学习和发展的源泉》，华东师范大学出版社，2008年，彼得·圣吉著，《第五项修炼：学习型组织的艺术与实践》，中信出版社，2018年，奥托·夏莫著，邱昭良、王庆娟等译，《U型理论：感知正在生成的未来》，浙江人民出版社，2013年，唐长军著，《行动学习画布：团队互助学习实操指南》，电子工业出版社，2019年，田俊国著，《上接战略 下接绩效：培训就该这样搞》，北京联合出版公司，2013年，石鑫著，《搞定不确定：行动学习给你答案》，中华工商联合出版社，2016年。有改动。

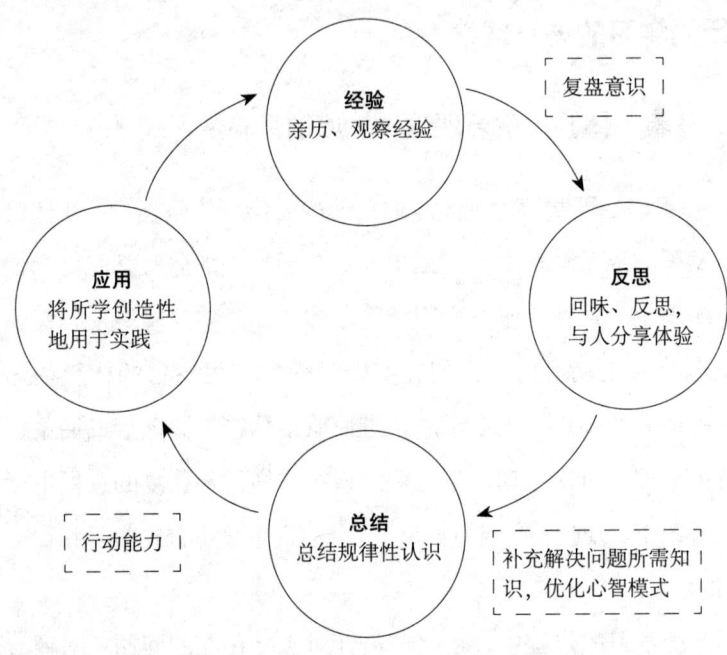

图 2-1　经验学习循环圈

2. 建构主义学习理论

　　建构主义的最早提出者是认知发展领域最有影响的心理学家——让·皮亚杰。他认为心理发展是主体与客体相互作用的结果，人在与周围环境相互作用的过程中，逐步建构起关于外部世界的知识体系，从而使自身认知结构得到发展。建构主义学习理论认为，知识不是通过教师传授得到的，而是学习者在一定的情境，即社会文化背景下，借助其他人（包括教师和学习伙伴）的帮助，利用必要的学习资料和工具，通过意义建构的方式获得的。借助其他人的帮助，即通过人际间的协作活动而实现的意义建构过程。

　　行动学习和建构主义有很深的内在联系，真正意义的行动学习符合多条建构主义的教学主张。例如，建构主义强调学员是学习的主体，每个人对世界都有自己的认知，其认知都是长期自我建构而来的；行动学习也强调以学员为中心，老师是催化师。再如，社会建构主义认为学习过程中伴随着意义协商，而行动学习的过程就是团队集体协商寻找解决方案的过程。

3. 人本主义学习理论

人本主义学习理论的代表人物是马斯洛和罗杰斯。人本主义学习理论确立了学习的十大原则，包括人生来就有学习潜能、学习内容要连接学生自身目的、大多数学习是从做中学的、学生的参与度和承诺度很重要等。这种从学生自身目的出发，调动学生负责任地参与实践的教育理念，已经根植于行动学习的基本假设之中。

行动学习理念同人本主义心理学主张也较为接近。比如，按照马斯洛需求层次理论模型，行动学习过程满足了小组成员较高层次的需求，行动学习之所以有效，是因为它会让每个小组成员都觉得自己很重要——能被邀请参与重大决策，因此有强烈的归属感和受尊重感。

4. 实用主义教育理论

实用主义教育理论的代表人物是约翰·杜威，他提出"一切知识来自经验"，主张"做中学"的教育理念。该教育理念包含五个要素：①选择疑难情境；②定位问题；③提出解决问题的多种假设；④对假设进行推论；⑤验证并校正假设。这种以解决难题为中心、强调经验和实践的教育理念，深刻地影响了行动学习的产生和发展。

5. 双循环学习理论

双循环学习理论,是关于组织学习的理论主张。组织学习是组织发现自身错误,不断主动调整,从而发生持续行为改变,并转化和沉淀出可复用的组织集体知识的过程。双循环学习理论中克里斯·阿吉里斯和唐纳德·舍恩在20世纪80年代提出,主张学习要打破习惯性防御,不仅要反思现状,也要反思造成现状的原因,浮现并校正心智假设。与之相关的单循环学习,是指特定的工具性学习,它可以改变行动策略或其潜在的假定,但不改变指导行动的价值观(心智模式)。

按照双循环学习理论的主张,学习的本质是对无效的心智模式进行质疑并引发转变——针对问题反思行动背后所秉持的假设,对假设进行质疑,通过转变心智模式带来行为的转变,进而带来期望的结果。

双循环学习理论对行动学习的指导意义很大,因为组织遇到的复杂难题往往不是行动策略上的问题,而是行动策略背后的心智模式问题。行动学习小组往往由相关的利益关系人组成,而复杂问题往往源自其利益关系人不恰当的心智模式。因此,行动学习倡导质疑反思,引导成员切实转变心智模式。只有当解决问题者自身的心智模式转变了,才有望解决问题。

6. 学习型组织理论

彼得·圣吉是学习型组织理论的奠基人,他一直致力于研究以系统动力学为基础的、全新的组织概念。他用了近十年时间研究了数千家企业的案例,并于1990年完成其代表作《第五项修炼:学习型组织的艺术与实践》。这本书提供了一套使企业转变成学习型企业的方法,即学习型组织的五项修炼:自我超越、改善心智模式、建立共同愿景、团队学习和系统思考。现代企业最欠缺的就是系统思考的能力，这种能力的欠缺使得许多组织无法有效学习。因为现代组织分工、负责的方式将组织切割了，使人们在不需要为自己的行动结果负责时，就不会修正自己的行为，即无法有效地学习。

7. 向未来学习——U 型理论

U 型理论的提出者是奥托·夏莫，他在引导组织变革的过程中思考：团队、组织或更大型的系统需要经历怎样的过程才能接近集体创造力的深层根源？最终，他根据自己的实践，给出七个步骤，构建了心智模式转变的 U 型过程，帮助组织向未来学习，转变心智模式。

（1）第一步：意识——下载过去的模式

按照个人的惯性思维看待世界，就像下载软件一样，从大脑中下载我们对问题的认知。

（2）第二步：观察——用新眼光观察

沿着"U 型"下潜，我们先搁置我们的习惯性判断，不要被惯性思维局限了，去发现新的事物，跳出系统层面来观察系统，以开放的思维看世界。

（3）第三步：感知——引导在场境中感悟

引导自己的心智继续下潜，让自己与系统融为一体，从系统的视角感知系统。通俗点说，从我们的大脑进入我们的心，用真心去感受。

（4）第四步：在当下——和根源连接

继续下潜到"U 型"底部。我们能否真正到达"U 型"底部，见证未来，关键在于能否放下对自我身份的执着，放下对系统本身的执着。

（5）第五步：转变——形成新愿景和使命

从"U型"底部顺着右边上行，带着我们在"U型"底部与自我良知对话得到的指引、顿悟到的本源智慧，继续保持与良知的对话。接纳我们当下的顿悟向上走，我们就会看到我们对未来的梦想，会集体洞见新的使命和愿景。

（6）第六步：体现——建立原型

继续顺着"U型"上行，思考为了让愿景实现，我们该建立怎样的实践原型。在建立原型的时候，继续在良知的指引下，制定出新的规则，让一切变成现实。

（7）第七步：收获——实践验证获得成效

到达"U型"右侧的顶部，通过执行新的规则，开始新的行动，带来组织系统的转变，最终收获成效。把我们实证后的内容，以规则的方式融入组织，推动组织所处的大生态系统的整体进化。

U型理论对开展行动学习有两点指导意义：

第一，我们身处高度不确定的时代，经验学习圈和双循环学习理论是主张向过去经验学习的模式，U型理论是主张向未来学习的模式。

第二，就心智模式转变而言，U型理论能让大家共同见到真相，在转变心智模式上具有强大的力量，而且提供了明确的引导步骤。

五、行动学习的功能作用

1. 解决复杂难题

当前，组织要面对急剧变化的环境，面临的问题也日益复杂。行动学习是解决复杂问题的最佳途径之一,它可以把复杂的问题现象化、具体化、分类化,然后对症下药,有针对性地解决问题。

2. 强化团队建设

团队工作是当前各类组织的主流工作模式,行动学习基于小组的特性,适用于团队建设,而且是非常有效的团队建设方式。通过破冰活动和一系列敞开心扉的分享、质疑和反思等多种形式的训练融合,团队成员之间相互支持,凝聚共识,让团队力量扶摇直上。

3. 培养发展领导力

行动学习因其独特的学习模式,被广泛应用于发展领导力的项目。在行动学习培训的过程中,参与人员能够有效提升领导力。

4. 发展系统思考和创新能力

系统思考与创新是卓越组织的重要特质,行动学习鼓励质疑和反思的学习模式可以帮助组织建立并持续强化系统思考和创新的能力。

5. 建设学习型组织文化

全球化和信息化带给组织快速变化的外部环境,各类组织只有具备快速学习的能力,才能够生存下来,行动学习就是应对变化、建立学习型组织的最佳方式之一。

六、行动学习的应用模式

行动学习的课题模式包括小组单课题模式、小组多课题模式和小组混合课题模式，其详细介绍参见第一章相关内容。

七、心智模式

1. 心智模式的核心要义

心智模式是苏格兰心理学家肯尼斯·克雷克在 1943 年首次提出的。管理学大师彼得·圣吉将其定义为：根深蒂固存在于人们心中，影响人们理解这个世界（包括我们自己、他人、组织和整个世界）及采取行动的诸多假设、成见、逻辑、规则，甚至图像、印象等。

心智模式为人们提供了观察世界的认知框架，如同一面"滤镜"，会影响人们所"看见"的事物。具有不同心智模式的人在观察同一事物时，往往会有不同的感受或得出迥然不同的结论。所谓"仁者见仁，智者见智"，就是心智模式作用的体现。

心智模式是人们在特定的环境中基于自己的经历形成的，如果环境没有太大的变化，现有的好的心智模式将使个人做事得心应手，组织高效运作，强化既有的成功；如果环境发生了根本性的变化，用原有的心智模式去观察、思考和行动，往往就会处处碰壁。因此，人们需要检视自己的心智模式是否与环境相匹配，并在必要的时候改善自己的心智模式。

2. 心智模式的结构框架

心智模式是一种客观的心理存在,它影响着人们的观察、思考、决策和行动。心智模式没有绝对的对错、好坏之分,是一把"双刃剑"。有学者指出,心智模式从外到里可分成三个层次:行为模式(包括沟通模式)、思维模式、潜意识(见图2-2)。

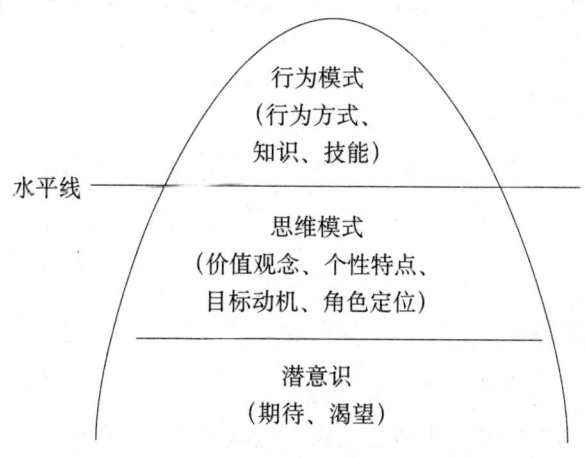

图 2-2　心智模式的冰山模型

3. 改善心智模式的基本流程

我们在给银行做网点辅导时,需要解决一个"弹性排班"的问题,目的是提高网点的人员效率。但有的柜员在玻璃隔断后做久了,不愿意"弹"出来,不愿意走出自己心理的舒适区,感觉拉不下面子主动去做客户服务和营销,担心失败,这实际上都是心性脆弱的表现。我们来比较一下愿意走出柜台做客户营销的员工和不愿意走出柜台做客户营销的员工的差异:前者的心智模式是，认为走出来是给自己更多接触客户、接触社会的机会，进而自己也会获得个人收益提升、晋级成功的机会；后者则认为，走出柜台，每天遇到的事情会更多，自己会忙得不可开交，身心疲惫，而且客户不好对付，营销很难，自己会面临很多失败，丢面子不讨好，不如待在柜台内做些简单工作。试想一下，如果后者的心智模式不改变，他们即使走出来了，也心不甘情不愿，行动效果自然大打折扣，反而会带来更多的失败，而这些失败会加强他们原有的心智模式。[①]

心智模式的大部分深藏于"冰山"底下，往往是内隐的，且具有自我增强的特性，根深蒂固，一般情况下难以改变。那么，如何改善心智模式呢？

改善心智模式，从本质上是把镜子转向自己，试着看清楚自己的思考模式与具体行为如何形成，并尝试以"新眼睛"获得新的信息，以新的方式对其进行解读、思考和决策。这从本质上看是一个自省、学习、创新和变革的过程，包括四个步骤[②]：

（1）第一步：觉察——开放的头脑

觉察是改变的前提。让人们产生觉察，使隐藏于个人内心深处的假设、规则、成见等"浮现"出来，人们才能更加主动地对自己的心智模式进行检验和改善。觉察源自内省，也离不开外界条件的触发、刺激。

---

① 王自生编著，《从心始行必成：场景化行动学习银行绩效提升案例集》，中国言实出版社，2018年。

② 彼得·圣吉著，《第五项修炼：学习型组织的艺术与实践》，中信出版社，2018年。有改动。

（2）第二步：检验——开放的心灵

新的资料是生成新的心智模式的必备原材料。在"心门"打开之后，人们可以通过新的视角去获得新的资料，或以新的视角去审视原有的资料。

（3）第三步：改善——开放的心灵

在接纳了新的资料之后，人们需要用新的规则或逻辑对其进行解读，以便检验心智模式的有效性及其适用范围。由于思维的连续性，这一过程和检验几乎是同步发生的。

（4）第四步：植入——开放的意志

心智模式不存在于理性思维的层面，而是隐藏于思维的背后，是在潜意识或无意识状态下发挥作用的心理存在。因此，必须经由持续的练习，让其成为下意识的习惯，让一些价值观、规则、逻辑等成为牢固的信念，进入潜意识层面，从而让其较稳定、持久地发挥作用。

需要说明的是，这一过程的四个步骤并不能截然区分，这一过程也不是单向的，更不可能一蹴而就。甚至当你或他人认为你已经发生改变时，一些根深蒂固的观念或习惯仍然不自觉地左右着你。

八、行动学习催化师

行动学习重视规则和流程，这也是保证效果的重要前提条件。行动学习从前期筹备到组织实施，一般来讲需要明确以下角色安排：发起人、召集人、催化师、组员、组长和专家。

这六个角色各自的人员要求详见第一章相关内容。下面重点讲一下催化师这个角色。

1. 催化师是一个重要角色

应试教育让我们习惯性地认为任何问题都有一个标准答案，而事实上，真正的难题从来就没有现成的、唯一的、标准化的答案，只能靠参与者在实践中探索和求证，再根据实践去修正假设，让问题的解决方法在实践过程中慢慢现形。

催化师（facilitator）①是行动学习中独具特色而又非常重要的角色。催化师和培训师的区别在于，培训师是教大家如何去做，其基本假设是问题有标准答案，而催化师不提供答案，因为持有问题的人才最有可能提供问题的答案。催化师专注于解决问题的过程设计，让解决问题的过程更高效；专注于在小组成员解决问题时做团队引导，让小组成员的合作和思考更有效；专注于解决问题团队的范式转变，让真正的学习得以发生。

不过，从开展行动学习项目的实际出发，团队需要有人帮助导入理念和方法，并在初期给予具体的指导，只有这样做，才能让行动学习在组织中产生效果并持续推进下去。从国内行动学习应用实践来看，催化师成为项目"标配"，同时，高水平的催化师也很紧缺和抢手。

2. 催化师的定义

目前被广泛认可的关于催化师的定义，认为催化师是对内容中立的过程专家，是能够促使行动学习更加有效，拥有大量学习和工作方法技

---

① facilitator，原意有促进者、引导者、引导师、推进者、协调者等含义，国内译为催化师、促进师、促动师等。本书采用"催化师"一词，意在联想到化学反应中的催化剂起到加速或延缓作用，更容易让人们理解催化师在行动学习过程中起到的类似"加速或延缓"的作用，形成类比理解。

能的人。催化师是行动学习过程的引导者,而非内容告知者、方案提供者;是保持立场客观、中立的第三方;是倾听者、思考的引导者、不良互动方式的干预者。

3. 催化师的三个细分角色[①]

行动学习催化师,又可细分为以下三种角色:

(1) 过程设计师

过程设计师负责行动学习过程的针对性设计。每一个组织的情况都不相同,面对的问题也不相同。过程设计师要评价组织实施行动学习项目的准备度,并和组织高层沟通,获得支持和承诺;要明确发起人对课题的期望,然后根据组织的准备度和课题方向,设计行动学习开展过程;要协助确定小组成员,预判行动学习过程中可能会出现的问题并建立解决预案;还要在行动学习结束时评估项目得失。

(2) 学习顾问

每个组织都有其特定的规则、制度、流程、体系和文化,还有约定俗成的"潜规则",这些共同形成了组织特有的范式。范式的形成可以保障组织有效地应对日常工作、救火任务和规范课题。但是当复杂难题产生时,这个范式就失效了,因为复杂难题往往源自这一范式。所以,与过程设计师专注于解决问题的设计不同,学习顾问更关注通过过程设计带来的组织范式转变是什么,以及如何带来小组成员行为模式和心智

[①] 迈克·佩德勒、克里斯蒂娜·阿博特著,郝君帅等译,《行动学习催化秘籍》,机械工业出版社,2015年。

模式的转变，并将这种转变迁移到日常工作场所，推进组织向学习型组织演变。

（3）团队引导者

团队引导者按照过程设计师和学习顾问的设计，负责现场具体实施行动学习项目。团队引导者在项目实施的过程中，帮助行动学习小组提升其研讨、行动、反思、学习和自我引导的效能，通过过程中的干预，提升小组成员在问题呈现、倾听、提问、反思等方面的技能，并且以小组为中心，帮助小组成员相互提供支持和提出挑战。当小组成员的信心和团队自我引导能力得到提升时，这个角色就可以逐步从小组中退出了。

4. 催化师的六项工作职责

催化师肩负着以下六项工作职责：

（1）目标达成

保证小组成员以更有效的方式思考与对话，关注点不在对话与思考的内容上，而在心智模式及对话的方式上；通过催化激发并整合小组成员的见解、智慧和创造力，促使目标达成。

（2）规则管理

帮助小组制定行动学习规则，并督促小组成员遵守规则。

（3）时间管理

明确小组每次研讨的主题和需要解决的问题，充分利用研讨时间。

（4）过程控制

引导讨论进程，控制学习节奏，监督小组成员是否按规则和要求开展活动,对不符合行动学习规则的行为,进行适当干预和引导。

(5)沟通交流

与组长或召集人沟通,了解和熟悉小组成员的特点、小组已有的学习规则、学习进展情况,以及小组成员对催化师有怎样的希望等;与小组成员沟通,建立起彼此间的互信基础。

(6)问题聚焦

引导小组成员围绕问题开展提问,深入探讨问题;选择与设计研讨过程,选择与使用研讨工具,维护会议守则,避免研讨偏题;及时发现并管理冲突,营造并维护研讨气氛。

5. 催化师的能力素质要求

行动学习催化师应具备以下能力与素质:
①良好的心理素质与"学习者"心态;
②出色的观察与反思能力;
③优秀的过程领导能力;
④清晰简明的语言表达能力;
⑤良好的冲突管理能力;
⑥扎实的管理学、教育学、心理学和组织行为学等学科知识。

九、行动学习会议流程

行动学习的研讨方法可以同日常工作、会议活动相结合。组织开展行动学习,可以改造传统会议,形成引导和研讨的团队工作局面。其中，通过单次研讨会或工作坊开展行动学习的方式，可称为"轻行动学习"或"微行动学习"。

1. 会议环节

会议过程可分为六个环节：理念导入—方法介绍—实际操练—达成共识—总结反思—细化执行。

2. 会议规则

会议规则如下：

（1）计划

提前做好计划，安排好时间——召开会议是每个人的承诺，小组成员不应缺席或临时请假。

（2）准备

对照行动计划进行回顾和反思，找出困惑，准备问题；明确小组研讨的主题和需要解决的问题，避免讨论偏离主题、漫无边际。

（3）守时

按时到会，确保会议准时开始，不浪费他人时间；遵守给予每个人的发言时间，并在规定的时间内发言完毕，确保小组成员都有机会讨论自己的问题。

（4）平等

小组成员享有平等的发言权，依次轮流发言，不得出现"一言堂""个人说了算"的现象；小组成员应相互尊重、团结协作，围绕实际问题集思广益，群策群力，不得搞"人身攻击"。

（5）陈述

问题应当具体，不宜太宽泛，陈述时应简明扼要；充分信任小组成员并真诚地交流；不要过于依赖他人，相信只有自己才能找到解决问题的方法。

（6）倾听

当其他人在发言时，认真倾听，不轻易打断别人的发言；放慢节奏，等发言者把话讲完，不要急于抛出自己的想法或做出判断；必要时做好记录。

（7）支持

积极参与，向发言者提出有价值的问题或贡献思想，启发发言者去思考解决问题的方法；回应时对事不对人，内容尽量是具体的、对方能够做到的。

（8）开放

以虚心学习的心态参与交流，积极吸收他人谈话中富有价值的内容，不封闭自己，不轻易否定他人观点。

（9）避扰

不打电话，关闭手机或将其调成振动后放入包中；不吸烟。

（10）保密

对讨论的内容做好保密工作。

行动学习研讨方案[①]

时间：3月17日（周日）13：00

地点：主教室＋各研讨室

主题：如何落实×××公司"3H"措施

题目：

第1、2组：1H——项目策划落地的具体措施

第3、4组：2H——资金计划落地的具体措施

第5、6组：3H——经济活动分析常态化落地的具体措施

需要准备的物品和事项清单：

①主教室需摆成岛式，将学员分成六组。

②需准备分组研讨室。

③主教室和研讨室，每组需提供大白纸（两张A3纸大小）十张，不同颜色的白板笔四支。

④投影仪和电脑。

⑤移动话筒两支。

⑥大教室需大白板，用于贴白纸。

第一阶段（主教室，13：00—14：30）：

①主持人介绍行动学习基本概念（13：00—13：20）。

②集体研讨存在的问题（13：20—14：00）。

③集体研讨方法介绍（14：00—14：20）。

④研讨方案说明（14：20—14：30）。

第二阶段（各研讨室，14：45—17：00）：

---

① 该研讨方案为本书作者张东成曾参与的某企业行动学习研讨班的实操方案。有改动。

①个人准备（14:45—15:00）：在限定时间内，小组成员独自把自己的意见写在纸上，其间不讨论。意见包括两部分：问题和举措。

②小组发言（15:00—15:30）：组长指定一人开始发言，但仅讲其意见中的第一条，然后转到下一人，下一人也只讲其意见的第一条。如自己的本条意见别人讲过，不重复，讲自己的下一条意见。其间有一人负责把大家的意见编号，逐条记录在纸板上。就这样一轮一轮地进行，如果某一成员没有新意见了则越过，直至全体人员的意见都讲出来为止。在别人发言时，不对别人提出的意见进行评论。

③小组讨论（15:30—16:00）：小组对每一条意见进行讨论，如有不清楚的，可提问，请提出该意见的人进一步解释澄清，说明含义，重复意见可以删/并，有新的意见可加上。

④小组决策（16:00—16:15）：可用打分的方式在所有意见中选择小组集体的意见，最终列出本组认为题目涉及工作中存在的最突出的五个问题。

⑤头脑风暴（16:15—16:45）：组长带领小组成员自由发言，对照问题，结合工作，寻找破解瓶颈和难题的有效举措。在发言过程中，不允许批评和质疑，但可以补充和完善，直至穷尽所有人的观点。

⑥整理阶段（16:45—17:00）：将本组的意见（五个问题＋举措）整理到大白纸上。

第三阶段（主教室，17:00—18:30）：

①各组陈述（17:00—17:30）：请第1、3、5组各指定一名组员，阐释本组观点(五分钟)，请第2、4、6组各指定一名组员补充前组观点(五分钟)。

②小组点评(17:30—18:00)：第1组发言，第2组补充，第3、4、5、6组每组至少提一条改进意见，后组不重复前组观点；第3组发言，第

4组补充，第1、2、5、6组每组至少提一条改进意见，后组不重复前组观点；第5组发言，第6组补充，第1、2、3、4组每组至少提一条改进意见，后组不重复前组观点。

③方案整理（18：00—18：25）：六个小组各自根据改进意见，修改本组观点，形成具体举措方案。

④主持人总结（18：25—18：30）。

十、行动学习项目流程

项目制方式是行动学习的重要应用形式，在企业和商业项目中的应用更为普遍。在项目制方式下，行动学习由决策层发起，将实际问题设定为一个行动学习课题，让组织成员组成一个或多个小组，通过一连串团队活动去探讨和实践，在过程中反思、质疑，最后获得一定成效，带来参与者个人的学习进步和组织发展。

行动学习项目流程并没有固定套路，不同的行动学习项目流程也有较大的差异，但是每个项目都按照准备阶段、实施阶段和总结阶段来设计，差异性在于不同阶段的安排内容。通常，每个阶段要进行的主要活动如下：

1. 准备阶段

准备阶段的主要任务是完成前期调研、明确难题、组建小组等项目发起工作，以及做好相关会务会议的服务准备工作。

（1）项目发起

一般来讲，要首先通过前期调研，明确组织关键目标及在实现目标过程中的关键难题，根据关键难题确定行动学习项目的课题、目标和参与者、团队形式及配套奖惩机制等配套政策。对于组织已经明确课题或者课题范围待最终确定的情况，在前期调研过程中，项目设计人员（一般是催化师）要围绕课题同项目发起人充分交流、深度研讨，了解清楚现状、困难、目标和预期等信息。

（2）筹备启动会，做好会议准备工作

明确会议时间、地点，准备好会议资料，调试设备，邀约相关人员，形成和下发会议通知等。

2. 实施阶段

项目式行动学习一般为期数周、数月，实施环节包括集中学习、分散学习等不同类型；在学习方式上也可灵活安排线下学习与线上辅导相结合；在时间上，辅导与行动交替进行；在整个过程中，根据实际需要安排理论介绍或政策解读等知识性专题培训学习。

实施阶段主要包括这样几个活动：

（1）召开项目启动会

召开项目启动会的目的：一是讲解行动学习和促进技能，进行专题相关知识培训；二是明确分课题的工作目标与需要解决的问题，确定子课题及目标，如不能确定子课题，则需要制订相应的工作计划；三是研究制定小组或全班行动方案。

（2）举办后续的研讨会／研讨班

通常，小组研讨会一个月一次，每次一天；全班两个月左右举办一次研讨班，每次三天左右。

（3）研讨会／研讨班后续流程

各小组后续研讨会的流程：一是进展汇报——每人汇报前一阶段的工作进展，陈述遇到的问题；二是小组研讨——研究解决每个人或小组遇到的问题，形成问题方案或下一步的工作计划；三是回顾小结——每个人总结反思小组会议的质量和自己的表现，提出下一次活动的改进建议。

全班后续研讨班的流程：一是进展汇报——各组代表简要介绍前一阶段学习与行动情况，以及项目课题工作的进展、成效，重点是分享经验和提出需要协助解决的问题；二是学习培训——听取专业报告与讲座，补充相关知识；三是分组研讨——小组研讨实施过程中遇到的问题，制订个人行动计划和小组行动计划；四是全班交流——各组派代表简要汇报有关问题的研讨成果及下一阶段的行动学习计划。

3. 总结阶段

在总结阶段要做的事情包括：

（1）得出初步成果

研讨会／研讨班结束后，根据行动计划进行调查研究或实践试点，在预定期限内形成问题解决方案或意见建议（初步成果）。

（2）初步成果审定与决策

组成领导和专家小组，召开方案审定及决策会议，在听取汇报后对意见建议和解决方案进行审定。审定时，如审定小组做出否定意见，则提出修改意见，交由专题小组进一步研究、修改；如做出肯定意见，则明确成果试点实施的范围、负责人、监督人、时间期限等，同时给予相应的资源。实施小组可以全是学员，也可根据需要吸纳其他人员。

（3）实施过程跟踪评估

对成果的实施过程进行跟踪评估，及时发现问题，召集人或组长适时组织小组成员修改完善专题成果。

（4）最终成果固化与应用

将最终成果以条例、意见、方案、章程、规划、建议和可行性报告等形式固化，将行动学习专题的成果运用于实践或在更广泛的范围内推广、分享，并在实践中不断反思修正。

十一、行动学习与引导技术

1. 什么是引导技术

理解引导技术，首先需要理解引导者和引导两个概念。

引导者，顾名思义，指的是一类人。研讨中的引导者通常指的是能够帮助参与者形成共识性目标，并就达成目标形成办法和举措的人。其鲜明的特点就是在整个过程中保持中立，没有自己的立场。引导者不提供解决方案，只提供若干结构化研讨工具，通过这些工具推动参与者一步一步形成目标和找到解决路径。

对于什么是引导，各种定义和阐述则比较多。有一种共识性理解认为，引导是一种通过引导者来实现的领导风格。国际引导学院（INIFAC）对于"引导"有如下定义："引导是一种方法，帮助群体能够更有效地研讨和做决策，既有艺术性，也有科学性。引导所使用的工具流程能激发大家利用各种不同的背景、价值观、兴趣及能力，做出更高质量的决策,提升生产力,改善团队动力。引导提升人与人之间、群体与群体之间的互动品质,使之更加聚焦在成果上。"[①]

对于引导技术,同样有各种不同的理解与观点。实际上从概念逻辑推演的角度来理解,引导技术应是引导者在引导过程中所应具备的核心能力和运用工具的一系列内容。

2. 对比行动学习和引导技术

目前,人们对于行动学习和引导技术有各种不同的理解,单从权威机构的定义来比较,也很难得出两者的明显区别。在实践应用层面,近些年国内应用行动学习和引导技术同样火热,很多专业从事行动学习的催化人员往往也是国内外专业协会引导技术的授权辅导培训师,从业人员高度重叠的现实情况进一步加大了区别行动学习和引导技术的难度。将两者混同,突出实用性成为当前国内实践层面的主要做法。

综合相关理论观点,我们认为行动学习和引导技术有两方面侧重差异:

第一,在立场中立上,引导技术和行动学习均要求引导者(催化师)立场中立,负责组织过程,走好"流程",不提供任何解决方案,不左右和影响参与者的想法与观点。但在侧重上,行动学习弱于引导技术要求。行动学习催化师可以提议加入专业人士辅导,甚至可以以专家身份进行专业知识输入。

第二,在成果达成上,引导技术和行动学习均强调实用性,高度重视最终成果的达成。但在侧重上,行动学习弱于引导技术。通过引导的

[①] 韦国兵、施英佳著,《引导式培训》,电子工业出版社,2018年。

方式，团队往往能够形成"成果"，这个"成果"分散于团队中的各个角落，只是个别人不知道或不全知道，但集中团队力量后，大家总会"知道并找到这个成果"。而行动学习在实践上强调行动和"做"的过程，并非苛求"完美的成果"，这点我们从瑞文斯对行动学习的理解中能得出判断。不过，当行动学习在组织中尤其是企业里以各种学习项目的形式应用时，无论是最初的团队动机，还是所有参与者、支持者的意愿，以及项目管理本身的要求，得到"成果"并展示出来是实用原则，必须得到保证。

第三章
行动学习技巧、工具和技术

第三章　行动学习技巧、工具和技术

在某种程度上，可以将行动学习理解成一种结构化研讨学习方法，它对于研讨流程有着一系列具体规定。在研讨过程中，对于提问、反思、分享、行为干预等环节也有许多催化和引导技巧。各组织在实践应用中，不断总结出了近百种行动学习的工具和方法。

而实际上，无论什么样的工具和方法，都只是帮助行动学习小组和成员解决问题的手段，对照雷格·瑞文斯提出的行动学习公式"L＝P＋Q"，工具方法是结构化知识（P）的一种类型，面对复杂难题，补充结构化知识是必要的，但解决问题的关键还是在于对问题的反思质疑（Q），通过对问题的反思质疑来改变我们的心智，突破我们固有的知识和认知，建立新的知识和认知。因此，要让行动学习在实践中取得实效，不能简单照搬和固守某种特定工具，而是要掌握行动学习的基本理念，联系实际情况，灵活使用一切可以解决问题的工具方法。同时，只有熟悉和掌握了行动学习的相关技巧、工具和技术，我们才能灵活运用行动学习，解决我们工作和生活中的难题。

本章集中介绍若干行动学习技巧、工具和技术。实际上，行动学习项目在具体操作上，并未明确区别技巧、工具和技术的异同。本章内容进行上述分类处理，尝试将技巧、工具和技术的差异讲清楚。

行动学习法作为团队学习的一种理论方法，其技巧侧重于从提高团队沟通协作的角度出发，对人与人之间基础性沟通交谈手段，如提问、聆听、反思、反馈等进行团队化提升改进，因此可以简单将技巧理解成实用性强的沟通"小技能"。

工具则是从行动学习研讨会或主题工作坊应用出发，将会议各个环节和达成各目标所使用的一些成熟的或约定俗成的流程及标准进行组合、命名。因此简单理解，工具就是流程和标准的组合。

本章提到的世界咖啡、开放空间和复盘技术等内容，都是国内外各类组织广泛应用行为学习法并总结出来的成熟方法，有着完整的步骤、流程、标准，也有着明确的适用环境和注意事项，这些团队学习技术不仅在行动学习项目中使用，在其他主题项目中同样广泛使用，因此本章虽然将其表述为行动学习经典技术，但并非否定其作为独立的团队学习理论与方法的价值。

一、催化技巧：提问

行动学习十分重视提问的力量，高质量的提问能够给小组成员带来全新的视角。提问既是小组成员激活已有知识和深入思考的重要工具，又是催化师的一项重要的催化技巧。提问可以用来验证假设、邀请参与、收集信息和探索深藏的事实。有效的提问可以激发小组成员反思，促使其达成对事物的正确认识。提问贯穿于整个研讨活动，催化师有必要先明确一些提问的基本原则，从而避免出现一些低质量的提问。

1. 提问的基本原则

在提问的时候，要注意以下基本原则：

（1）多问开放式问题，少问封闭式问题

封闭式问题的特点是，一般带有预设答案，通常要求用"是"或"否"

来回答，一般用于结束一个讨论。例如：你喜欢你的工作吗？你对他的表现是否满意？这类提问容易压制回答的欲望，相比之下，开放式提问的自由度更大。例如：你喜欢你工作的哪些方面？你对他的表现感觉如何？这样的提问更容易激发小组成员的表达欲，从而使其产生更多的创新性思路。因此，在小组研讨过程中，要尽量避免封闭式问题，多提一些能够让其他人敞开说的问题。

（2）提问简洁清晰，不要过多铺垫

小组研讨提问环节的提问要简洁清晰，最好直接切入问题。过多的铺垫或解释，一方面会放慢紧凑的研讨节奏，浪费时间，耽误进展；另一方面也容易让小组成员心里不舒服，影响研讨氛围。

（3）少问诱导式问题，多问积极正向的问题

提问的时候要避免在问题中隐含自己的主观倾向。尤其要避免使用"为什么……不"和"难道……不"的形式。另外，在提问的过程中，鼓励多提积极正向的问题，少提负面抱怨的问题，避免传递出指责和批评的情绪，促使小组成员敞开心扉，坦诚交流，深入思考。

2. 方法介绍：5F 提问法

在小组研讨中有一种经常使用的提问方法。这种提问从五个内容维度，即事实（fact）、感受（feeling）、分析（focus）、行动（future）和学习（finding）来设计问题，故而这种方法也被称为"5F 提问法"。

（1）事实类提问：询问具体事实，到底发生了什么

例如：这件事情是什么时候发生的？参与的人员都有谁？你在其中主要做过了什么？

(2)感受类提问：询问难题提出者和利益相关者的感受

例如：当时大家感受如何？你有什么感受？

(3)分析类提问：探询问题背后的原因和假设

例如：是什么让事情变得如此紧迫？你观点背后的假设是什么？

(4)行动类提问：引导难题提出者关注未来，思考选项和行动方向

例如：接下来你会如何做？你需要组织提供哪些支持或帮助？如果不考虑人手和费用，你还有其他优化方案吗？

(5)学习类提问：促进研讨的学习反思，总结有意义的经验

例如：从问题的研讨中我们学到了什么？你认为团队做得好的方面是什么，可以做得更好的方面是什么？你认为小组成员的提问（聆听）质量如何？

二、催化技巧：倾听

倾听是催化师理解研讨过程的重要手段，是决定行动学习研讨质量高低的一个重要因素。催化师只有掌握了聆听的技巧，正确理解发言人表达的真正含义（而不仅仅是听清发言人的言语），才能对研讨过程进行合适的引导。在研讨过程中，倾听的技巧和能力常常被大家忽视。催化师要聚焦研讨的主题，带领所有小组成员按照一定规则，学会深度倾听、有效倾听，从而开展高质量的对话和研讨。

1. 倾听的四层次

倾听一般分为以下四个层次：

（1）无意倾听

无意倾听，就是我们所说的"人在，心神不在"。在研讨和对话过程中，倾听者看似在听，实际上并没有注意和理解发言者说话的内容，内心在抗拒发言者和其说话内容，或心不在焉地考虑其他与发言毫无关联的事情。这种层次的倾听，往往会导致对话和研讨失败。

（2）表层倾听

表层倾听，即有意无意地听。倾听者虽然通过目光交流或点头示意来表达自己正在聆听发言者说话，但其实并没有对发言者的话语产生太大的兴趣，或根本就没听明白其话语的真正含意，对发言者说话时所表现出来的表情、眼神等语言之外的意思表达完全忽略。这种层次的倾听，往往会导致倾听者误解发言者的意思。

（3）实质倾听

实质倾听，表现为有意识地听。倾听者能够专心主动地理解发言者的话语内容，能够激发对方的注意，希望和对方实现沟通交流的机会。

（4）情感倾听

情感倾听，即"感同身受"，用心去感受发言者的发言。倾听者带着理解和尊重，积极主动地倾听发言者的言语，在发言者的信息中找到自己感兴趣的内容，融入对方的情感，并在聆听过程中，针对发言者的内容做出自己的判断和反思。这种层次的倾听，自然能营造融洽的研讨氛围，进而形成良好的人际关系。

2. 高质量倾听的原则

高质量的倾听应遵循以下原则:

(1) 换位思考,理解发言者

倾听者要试着去理解发言者,先设身处地地换位思考,而不要急于给出判断。倾听时要保持目光交流,表现出兴趣。

(2) 理解语言信息,也要理解非语言信息

倾听者不仅要关注发言者讲的内容,也要注意其语音语调、表达连贯性等非语音信息,以及其无意中流露出的感情和表现出来的动作,这些内容往往是更加接近发言者真实态度的外在表现。

(3) 不仅能听懂内容,还能听懂情绪和感觉

倾听的时候要注意避免出现这样的倾向:有用的信息就听,没用的信息就打断。要善于站到发言者的立场和观点来理解其话语,要有同理心,能从内容中听懂蕴藏的情绪和感觉。

三、催化技巧:澄清

小组成员的背景多样化,各自往往有不同的表达习惯,容易在研讨过程中造成彼此之间理解有偏差。因此,催化师在研讨过程中要不断解释,帮助小组成员及时澄清概念,说清问题。澄清问题是为了让小组成员进一步沟通,交流观点。

1. 用重复来澄清要点

催化师可以复述小组成员的话，以表示他们讲的话已经被理解了，也可以要求小组成员重复自己讲的话，以澄清要点。

2. 澄清的三原则

催化师进行解释澄清时，要注意以下三点：

（1）发现需要澄清的地方，要有针对性地采取措施

当发言者的表述比较虚泛或过分概念化时，催化师可以建议其罗列细节；当发现发言者的表述比较啰唆冗长时，催化师可以要求其简化要点；当发言者的表述比较混乱时，催化师可以建议其梳理逻辑；当发言者的表述比较概念化时，催化师可以要求其举例说明；当发言者的表述已说清楚，只是未引起其他人的足够关注时，催化师可以使用复述法，以引起其他小组成员的关注；当发言者表述的概念比较复杂时，催化师可建议其使用图示法，增强表达直观性。

（2）要礼貌地打断发言者，不能太生硬

可采用类似的表达：我（或者大家）似乎没听清楚你刚才讲的内容，你可以再解释一下吗？

（3）要询问其他小组成员是否听明白了，需要得到其反馈

催化师进行解释澄清的目的是要促使小组全体成员全面理解发言者所说内容的含义，因此一定要询问其他小组成员是否听明白了，不仅要关注其语言反馈，也要关注其动作表情，要确保所有人都能够准确理解。具体可采用类似的问法：大家是否理解了？大家还有疑义吗？

四、催化技巧：分享

分享是围绕某一研讨内容或主题而展开的对话、交流的过程。高效研讨的一个重要条件，就是在小组成员之间建立起一种没有过多约束的、相互信任的气氛，这种民主宽松的气氛有助于小组成员以一种袒露自己的方式开展对话，有利于话题的展开，有助于发挥小组成员的潜能。催化师可以带领小组成员轮流分享个人或小组的相关经验。在实际操作中，可以在整个环节或流程结束后集体分享，也可以在单独某个环节，比如找问题、找原因、找对策的具体环节开展分享，为个人难题或者组织共同难题的解决给予更多启发。这种分享刺激每个人思考，因此，激发小组成员相互分享经历非常重要。

1. 分享与建议的区别

人们习惯于发表观点，给出建议，实际上，在研讨过程中，除非大家很亲近，否则贸然给建议很容易让对方感觉不舒服，从而启动心理防御机制。

分享经历和给出建议主要有两点不同：

（1）两者使用的人称不同

给建议时用"你"字开头，分享经历时用"我"字开头。

（2）两者的潜在思维模式不同

给建议时的假设是"我懂得很多，你要相信我的观点"，而分享经历时的假设是"我的信息可能对你有用，我相信你的判断"。

2. 分享的"黄金原则"

在行动学习研讨中,与其直接给出观点和建议,不如让小组成员分享自己的相关经历,然后谦逊地说一句:"这是我的亲身经历,也许能给你一些启发。"仅仅帮助小组成员知道"给出建议"和"分享经历"的区别还不够,还需要提前输入一些分享技巧。

(1)分享什么——选择适宜的话题

分享的内容要有一定针对性,要与主题相关。即:我们研讨的背景是什么?事情是在什么情境下发生的?在这个背景下,我采取了什么样的行动?

(2)怎样分享——需要找准合理的定位

比如,我的行动产生了怎样的结果?我从中总结出哪些经验教训?分享要精练,详略得当,不宜长篇大论。

(3)为何分享——要明确指向分享的价值和意义

对别人所分享的内容,仅靠听懂是不够的,必须自己体悟。分享过程也是学习的反思及经验的积累过程。小组成员只有不断地交流和思考,才能更好地理解别人分享的内容,才能不断发现和提出高质量的问题。分享未必一定得到最好的答案,但通过这种相互分享、发现、体会及思考的过程,问题的本质也会逐渐显现。

(4)善于发挥集体的力量

如果小组成员对于主题的相关经验和反思不够,那么可以考虑使用头脑风暴法,让大家集思广益,想出更多方案。同时,催化师应该反思,在课题和小组成员的搭配上,可能要做进一步的优化。

五、催化技巧：反思

面对错误和缺憾，人们可以选择消极地抱怨，把错误归咎于他人和运气；也可以选择从错误中总结经验，争取下一次表现得更好。反思是行动学习的重要组成部分。反思帮助小组成员把研讨难题的收获沉淀下来，变成自己的经验和认知，并在今后的行动中做出相应的改变。

1. 提高反思质量的诀窍

在进入问题解决阶段，小组成员容易迫于时间或成果汇报的压力，不由自主地将焦点放在解决问题上，而忽略学习。大家轮流反思学习收获时，有的反思会让你感觉很有力量，洞察力十足；而有些反思则浮于表面，平淡如水。要提高反思质量，有两个诀窍：第一，要把矛头指向"我"；第二，要浮现和校正假设。

2. 4R 反思法

（1）什么是 4R 反思法

如何进行反思？有学者总结并提出如下操作步骤[1]：催化师可以引导小组成员按照重复（repeat）、概括（recap）、回顾（review）和反思（reflect）四个步骤进行反思训练。这四个关键步骤的英文均以字母"r"开头，故可记为"4R 反思法"。

---

[1] 唐长军著，《行动学习画布：团队互助学习实操指南》，电子工业出版社，2019 年。

（2）4R 反思日志模板

催化师可以要求行动学习项目的小组成员每天完成一份反思日志，第二天进行检查，从而促进他们反思并继续学习。同时，对于催化师来讲，坚持记录 4R 反思日志也是一个好习惯，有助于提高思考深度和专业水平。

4R 反思日志模板如下（此模板仅供参考，可以根据实际需要，调整模板中的问题）：

Q1：今天遇到了什么问题，最后结果如何？

Q2：我当时采取了什么行动？

Q3：我行为背后的假设是什么？

Q4：如何调整和修正这个假设，以取得更好的结果？

Q5：根据修正后的假设，我将采取什么改善行动？

亨利·明茨伯格关于"走路"的研究[①]

本文原题《对"走路研究"的研究》（Researching the Researching of Walking），明茨伯格在文中讲述了国际实践管理硕士（IMPM）教学过程中一次学生做作业（研究一下走路）的情况，并结合学生的研究行为阐述了自己对研究、经验、反思等关键管理教育环节的理解。

明茨伯格认为，有效的管理教育应当能够让参与学习的管理者不断产生有经验的反思。管理者生活在经验的土地上，教师们提供的概念、理论、模式则好比地图，当二者相遇，就出现了反思：用概念性的见解

[①] 相关内容摘录自亨利·明茨伯格著，《对"走路研究"的研究》，《IT 经理世界》，2008 年第 15 期。

来考量人们的经验。而产生的学习成果被带回工作岗位，并且对行动产生冲击影响，这又为工作岗位和课堂上的反思提供更多的经验。这样就形成了一个反复不断的循环过程：从工作中的隐性理解到课堂上的显性学习，再回到工作中的隐性应用，接下来再开始下一个管理教育单元。

反思的目的就是找到意义。反思并不意味着冥思苦想，也并不是随随便便进行的。它意味着怀疑、探究、分析、综合、联系——认真而持久地忖度一次经验对自身的意义。

反思必须有大量的自由时间，这样才可以遵循探索发现的自然模式。反思还注定依靠低科技手段，因为人的大脑就是一个低科技化装置，它会一如既往地吸收和处理信息，无论输入装置是多么性能优越。管理教育就像所有真正的教育一样，瓶颈存在于人脑当中，但那同样也是力量的源泉——进行综合和创造，没有一台计算机可以与它相比，这就是管理教育如此有效的原因所在。

有经验的反思还可以把各种管理教育的方法融合起来，包括讲座、案例、练习、项目等，不过围绕的核心是管理者的学习，而不是教授的讲课。换言之，每种手段都可以被用来提供给管理者根据他们自身的个人经验进行反思的对象。可以按照四种由浅入深的学习层次来看待这些不同的教学方法：吸收（知识内化），应用（以某些有限的途径来使用它——例如去解决某个问题），执行（依靠知识来获取经验，就像在角色扮演中一样），以及反思（发现经验中的意义）。有经验的反思作为第四种教学方法，能够把其他这些教学方法当作反思对象来源加以有效利用：通过讲座得到概念，通过案例得到其他人的经验，通过实地调研和项目参与得到新的经验。但反思的真正力量还是在于把这些内容与管理者的自然经验融为一体，它应该在学习过程中占据核心地位。

作业布置得很清楚："研究走路"。这个IMPM班有30名学员，来自世界各地，他们刚刚完成 IMPM 课程的学习，目前正在一个度假城堡里准备他们的毕业论文。这个城堡位于法国卢瓦尔河谷附近，城堡后面有一个美丽的湖泊。学员们分成小组活动，时间是 45 分钟。

学员们站起来的时候都一脸迷茫；我站起来，也不知该做什么才好。我是老师，但这个作业是乔纳森·戈斯林布置的。与乔纳森一样来自英国兰卡斯特大学的柯林·布朗刚刚给学员们讲了研究中的三种实在论（realism）：强烈的实在论（或实证主义）、相对的实在论（卡尔·波普），以及反实在论（或建构主义）。

突然我有了一个主意，为什么不研究一下他们"对走路的研究"呢？于是我跟上了最近的一个小组，随他们出了门。

这个小组有 5 个人。法兰辛是加拿大皇家银行多伦多客服中心的负责人；马克是美国南方人，阿斯利康公司的产品经理；安德里亚斯、布卡德和格雷都来自汉莎航空公司，前两位是法兰克福维修部的经理，后一位是日本西部地区的销售负责人。

小组成员向湖边走去。

"你怎样开始？"

"我们能够做的事情太多了……"

"我们可以做访谈吗？"……"你还真要用科学方法！"

"我觉得我们没有方向感。"（他们这时候前后排成一列向湖的尽头走去。）

"我们有很多很多可以研究的：走着玩、走路锻炼、走路的机能……"

"我们有个假设吗？"……"只要我们选一个方向，有没有假设没关系。"他们停下来，这时他们绕湖走了大约 1/3 的路程。马克说道："我们应该选择一个主题，比如，走路可以让人放松？"

没有人回答。

"走路与管理的关系？……走路看风景？……'说到做到'（walk the talk）？"

法兰辛说："走路这个题目太泛了，就跟我们的毕业论文一样！"

安德里亚斯想出了另外一个主意："我们来探索这个湖吧……散步来探索这个湖。"

他们继续走，边走边随口说话。

"走路还是劳作还是仰卧。"（译者注：源自《圣经》，"在站立、劳作和仰卧时都在念着神"。）

"走路有益健康。"

有意思的研究是循环往复的，它更多是一种对经验的反思。

"走路是一种交通方式。"

"走路为了思考。"（这句话是紧接着"我们光走路，什么也别想"说的。）

随着他们的话题趋向一致，大家的热情也慢慢开始高涨。这时他们走到了湖的尽头，大家又停了下来。

"现在我们有不同的角度：为了健康、交通方式、与管理的关系、放松……"

"我们从中选一个吧，"马克说，"从中选一个就行了。"（有人开玩笑地说他是一个"反实在论者"。）

又是一片沉默。

最终，大家把"走路让人放松"作为假设。

"但是走路不小心会摔断腿。"

于是他们决定变成相对的实在论者：反驳走路让人放松这个观点。达成一致后，他们又开始继续走。他们谈起自己放松的感觉。

"新鲜空气真让人神清气爽。"

"如果下雨怎么办，那可不太爽！"

"淋了雨会很狼狈。"

"雨声嘈杂。"

"地面泥泞。"

这时布卡德说："要是没有这讨厌的作业，我们该会多么放松！"

他们走路的时候，进展也就停止了；实际上，他们慢慢分成前面三个人，后面两个人。很快他们回到离城堡不远的地方，45分钟的时间也快到了。他们在一张椅子旁边停下来。最后格雷问他们："我们到底有没有一个论点？"

没人回答。

法兰辛和安德里亚斯在椅子上坐下来。"嘿，现在谁觉得很放松？"……"起码你没有！"又是一片沉默。

这时，研究这个"走路研究小组"的人（即作者）打破了一个禁忌，至少是一个实在论者的禁忌。他建议他们把研究过程中的行为作为研究对象："你们有没有注意到，只有在停下来的时候，你们的讨论才有进展？"布卡德引申了一步："不，我们走路的时候是自己思考，停下来的时候是一起讨论。"

这下他们的谈话跟管理挂上了钩。管理者在事务缠身时不容易分身出来，他们是否必须停下来，了解一下工作的进展？他们是否必须置身于工作之外，才能做进一步的研究？或许有必要站到一边，从不同的视角来看待问题。这么说来，这个毕业论文题目还是有意义的。那么这似乎也意味着课程的一些模块是有意义的：走路可以代表第一个模块——"思考"，这是一个独自进行的过程；停下来讨论可以代表第四个模块——"合作"，这是一个集体进行的过程。（第二个模块是分析，第三个模块是环境，第五个模块是行动。）那么这次绕湖步行就可能是一次很好的期末作业模拟了。

马克问："我们进行到哪里了？"

"你找到你要寻找的东西了。"格雷回答说。

"嗯，比我们原先想的要复杂得多，"马克说，"这是我的结论。"

回到教室后，每个小组分别汇报了他们的活动。一个对"哪些动物和哪些人走路"感兴趣的小组用一只蚂蚁做了一次实验。另一个小组的成员詹姆斯问道："我可以画一幅图吗？"他走到黑板前，画了一幅走路与"科学""艺术"和"手艺"的图（分别对应决策制定的三种模式："首先思考""首先构想"和"首先行动"）。詹姆斯谈到了他们在坦桑尼亚难民营的所见所闻，他说："在非洲，有时候为了活命要走路；在美国，我们为什么走路呢？"最后，他说"这个话题我们可以一直谈下去，没完没了"。

"你们用的是什么方法？"老师乔纳森问道。"我们就是随便聊。"詹姆斯回答说。

另一个小组做的是观察其他老师在城堡周围散步。"每走10步到12步，他们的队形就会开始散开，然后过一段时间又恢复原来的队形。于是我们自己也实验了一下，看我们的队形会不会发生类似的变化。"

布卡德代表我们的小组发言："我们决定从过程切入……我们选择了走路让人放松这个主题。但是因为有作业在身，有些人根本放松不了。"马克补充道："问题是，我们的讨论就像多米诺骨牌一样，一件事引起另一件事，越想越远，越想越深。"

然后他们提到了"走路时思考，停下来讨论"这一发现。我跟大家谈了他们从最初难于找到一个假设到最后的热烈讨论，讨论内容从贫乏到丰富，前后形成了一个鲜明的对比。讨论的结果是：有意思的研究与其说是演绎的或归纳的,不如说是循环往复的,同时它并没有多少卡尔·波普式的验证,而更多是一种对经验的反思。

"这是真理吗?"乔纳森问道。我引用了平面地球理论:"看一下我们的湖吧。看起来它可能是平的,但实际上它是弯曲的。你认为当人们造了船,驾船到湖面上去的时候,就会改变湖面是弯曲的这一事实吗?理论无所谓真假,而在于是不是有用,仅此而已。"

我想你可以把我归类为反实在论者/实在论者。

六、催化技巧:反馈

在行动学习的研讨过程中,反馈是一项重要的催化技巧。反馈是看到并做出改进的过程。反思是自我内省式学习,是小组成员之间的相互学习。反馈是一个照镜子的过程,有些情况除非别人给你镜子让你照,否则你很难发现它。反馈是相互的,催化师不只对小组成员进行反馈,也要不时接受来自小组成员的反馈。

1. 反馈的基本类型

反馈有三种类型:

第一种是正向反馈,反馈对方做得好的方面是什么并为对方的出色表现给出肯定和鼓励。

第二种是建设性反馈,即可以做得更好的方面是什么。

第三种是中立性反馈。这是一种相对客观中立的反馈方式,只描述客观事实和自己的感受,但并不给出评价,也不会给出具体建议。

2. 给予反馈的基本原则[1]

反馈不是空泛的赞赏或给建议,而是一个"技术活"。为了确保反馈的质量,催化师和小组成员要遵循反馈的几项基本原则。具体如下:

(1) 基于事实

反馈应该描述具体事实,而不应该模糊地描述。

(2) 征求同意

进行建设性反馈之前,需要征求对方同意,做好前期心理建设。

(3) 恰当及时

只要时机成熟,反馈得越及时就越好。

(4) 对事不对人

反馈应该对事不对人,不评价对方,要聚焦于对方可改变的行为,给出建设性意见。

(5) 核对想法

给予反馈之后,与对方确认自己的想法建议是否妥当,也可与其他人核对交流,避免自己做出错误的判断。这也是进行自我反思的重要契机。

(6) 体现关心

反馈要做到内容客观、情感真挚,应该让对方感受到你的目的和动机是出于关心,希望对方能够有所提升,而非指责批评。

---

[1] 唐长军著,《行动学习画布:团队互助学习实操指南》,电子工业出版社,2019年。

3. 给予反馈的四种典型场合

给予反馈有团队反馈、一对一反馈两种方式。在行动学习的研讨过程中，常用的给予反馈的形式有四种：

①在茶歇的时候发给大家一个评估表；

②设计若干评估性问题，写在白板上，或在出口处张贴评估表；

③请小组成员互相给对方一个书面的反馈，可以针对某个问题进行反馈；

④直接向小组成员表达，告诉他在哪方面需要改进。

七、催化技巧：干预

行动学习的研讨过程并不总是一帆风顺的。有时研讨进行得非常顺利，精彩提问、分享和好建议层出不穷，每个人都热情高涨，大家积极参与、积极贡献。但也有的时候，研讨进展不那么顺利，小组成员出现偏离主题、不发言、开小会、唱反调、乱发散等失当行为。这时，需要对这些失当行为进行干预。

1. 干预失当的误区

新手催化师遇到团队失当行为时，可能会备感焦虑，因为不知道如何应对，进而在进行干预时陷入两个误区。

（1）采取态度生硬的命令式干预手段

比如，"您讲的内容有些跑题了，这样不好，请聚焦主题进行发言"，这样的干预简单粗暴，治标不治本。因为命令的方式只解决了表面的行为层问题，并没有改变失当行为的根本原因，而且被干预者内心会感到不满，从而不愿意积极参与。

（2）对失当行为视而不见，放弃进行干预

听之任之，问题不会自动消失，还会进一步发展。出现失当行为，如果不及时进行干预，团队研讨质量明显下降，所有人都会感觉不舒服。而且这种氛围一旦形成并扩大，拖得越久，就越难处理。

2. 干预失当行为的原则

为提高干预失当行为的有效性，我们对实践做法加以总结，提出若干基本原则，这对新手催化师应该会有所帮助。具体原则有以下四条：

（1）及时果断，提前研判

失当行为有一些明显的特征，如沉默、皱眉、抱怨、身体后倾等。一旦这些前兆演化为失当行为，就要及早果断处理，切勿行动迟缓，引发更大的冲突。

（2）客观冷静，沉着应对

面对失当行为，自己先不要慌张，按照操作流程和参考话术沉着应对即可。实际上，有效干预也是一次宝贵的学习机会，能够促进小组成员反思不足，进而改善心智模式。

（3）把脉问诊，由表及里

失当行为只是表象，需要找到背后的症结点才能根治。因此，进行干预前不妨多问几个为什么，由表及里，探询背后的关键点。

（4）相信群众，依靠群众

基于找寻到的问题症结点，可以采取直接告知的方式进行干预。不过，最好通过提问的方式请教小组成员有哪些解决方式，或引导大家进行方案共创，从而促使大家达到一致并认可承诺。这样可以增强认同感，有效避免再出现类似情况。

3. 常见失当行为的干预话术

干预失当行为的策略需要针对不同场景进行灵活调整。以下针对研讨过程中常见的五种典型失当行为，提供一些参考话术，供催化师和小组成员参考借鉴。

（1）有人看自己的笔记本电脑或手机

研讨前表好将笔记本电脑和手机统一放到"收纳箱"，避免在研讨过程中使用，对研讨造成干扰。如果不便统一收纳，则要事先明确规则并及时干预。

参考话术："我注意到有人在笔记本电脑上打字或频繁翻看手机，我建议大家能够遵守之前的约定，在茶歇之前不看笔记本电脑和手机。"

（2）有人进进出出

研讨过程中，人员进进出出可能在所难免，尤其在业务繁忙时期或由业务部门负责人参加的研讨活动，因此，设置必要的茶歇环节是必要的。除此之外，如果频繁进出对研讨氛围造成了不小的影响，催化师要及时干预。

参考话术："我注意到刚才这半小时，有两三个人在小组里频繁进出，这和大家之前约定的小组研讨规则不符，请大家想一想，我们如何保持专注和投入?"

（3）两人发生观点争执，言语激烈

在研讨过程中，出现不同观点很正常，这也是我们倡导和鼓励的，但若从平和交流演变成观点争执，谁也听不进对方的意见，催化师就要及时进行干预。

参考话术："我注意到你们两位都在表达自己的观点，我想这样可能会漏掉对方很棒的想法，我想请你们慢下来，每个人先复述对方讲话的要点，再表达自己的观点。"

（4）讨论出现离题、跑题

研讨每个环节的任务目标都是明确的，一旦出现离题、跑题，催化师就要及时干预。而且老练的催化师要能做到提前研制，一旦出现跑题的苗头就要及时处理。

参考话术："我注意到现在大家的讨论已经脱离了主题，我想征询大家的意见，现在这个话题是否是大家此刻真正想讨论的，还是我们可以暂时把它搁置，回到原定的主题上?"

（5）研讨进度滞后

出现研讨进度滞后的状况，催化师要及时干预，这样一方面可以保证整体进度不受影响，另一方面也是一次让成员正视现状、反思学习的难得契机。

参考话术："我注意到你们在澄清难题方面花了半个小时，我们后面还有四个步骤需要讨论，请思考一下，如何才能加快这个环节的讨论。"

4. 干预失当行为的实用技巧

催化师在干预失当行为时，可采用以下技巧：

（1）找准干预的时机

留意观察，当出现以下情形时，就要给予干预：两个人相互贬低对方的意见、小组开始不遵循既定的规则、讨论陷入僵局或每个人都陷入沉默。同时，要善于观察表情和肢体语言，帮助小组成员表达他们内心真实的想法。

（2）私下干预

当着众人的面干预，有时是有风险的，尤其当对方是领导或者对方情绪激动时。因此，当面干预要真诚委婉，注意方式方法。比较好的做法是把对方拉到一边，或者利用茶歇时间，私下沟通。

（3）建立共同遵守的规则

冲突管理成功的关键是不出现输方，长远的解决办法是建立共同遵守的游戏规则。当冲突发生时，催化师应更多以提问的形式引导小组成员评估冲突当事人，思考为什么，分析冲突原因，让小组成员增进沟通，重建信任。

（4）正视冲突，对事不对人

在研讨过程中，有时候冲突是不可避免的。组织出现冲突可能导致绩效的降低，也可能导致绩效的提升。冲突管理并不是要否定冲突。行动学习追求变革，有改革就有冲突。要避免破坏性的情感冲突，对事不对人，要营造民主、平等、和谐、合作的研讨氛围。

干预失当行为案例[1]

人物：某专题培训班的一个小组，成员为八名乡镇和县直属单位主要领导、一名外部催化师。

背景：本期培训班为五天，经过前期的行动学习基本理论知识导入，小组成员对行动学习有了一定的认识，成员之间相互也有一定的了解。小组成员当前面临的任务是，运用行动学习的方法研讨乡镇工作中的主要问题，步骤是确定主题、分析原因、提出对策。

过程：在确定主题的过程中，小组成员列出了八个主题，并用N/3的方法确定了本组要研讨的主题是"如何解决'三农'问题，做好群众工作"。催化师引导小组成员澄清问题，当问道："我们想要研讨的是如何解决'三农'问题，还是如何做好群众工作？"小组成员意见出现了分歧，其中两名组员嗓门很大，他们认为"三农"问题解决不好，会引发群众矛盾，两者是联系在一起的一个问题。他们没有听取其他组员的意见，也没有采纳催化师将问题进一步具体化的建议，坚持不修改题目。为了不让争论僵持下去，其他组员渐渐放弃了自己的观点。

此时催化师不能把自己的建议强加给各位组员，于是建议大家试着分析这个大主题，如果推进不下去，可以回头再来审视这个题目。在分析原因的过程中，部分组员开始出现冷眼旁观、心不在焉或出教室喝茶、打电话的情况，只剩三名组员留在白板前贡献观点。同时，在罗列原因的过程中，他们发现"三农"问题解决不好的原因和做不好群众工作的原因加在一起很杂乱，无法归类、合并，画不出鱼骨图。

---

[1] 本案例为本书作者沈现斌提供的曾参与行动学习研讨活动中与会专家的讲话分享素材，内容有调整。

于是，催化师建议大家先休息，五分钟后回来重新澄清问题。再次澄清问题时，催化师以刚才分析原因遇到的难题为例，引导大家思考为什么这个题目需要修改（这个题目其实是两个主题，或者说这个题目体现的是一种因果关系而不是一个主题）。进而请组员们达成共识，到底要研究什么问题，再对确定的主题进一步澄清、具体化。

行动学习工具，较多地参考借鉴了引导技术理论，行动学习和引导技术具有极大相近性，尤其是小组单课题模式的行动学习项目，在实践应用上广泛借鉴和融合引导技术经典工具。接下来将从一次研讨会议或主题工作坊出发，从最初的破冰暖场环节到"提出问题、分析问题、解决问题"三步骤，按照研讨各阶段的任务和目标，对行动学习过程中广泛应用的一些工具进行分类介绍。

八、常用工具：团队破冰

团队破冰，是在小组刚刚组建，开始研讨之前，通过做游戏的方式来消除小组成员彼此间的隔阂，拉近彼此的距离，分享彼此的快乐，加速相互的了解和信任，提高团队集体感，让成员以积极的状态开始研讨。此外，在研讨中陷入僵局时，玩游戏也非常有效。团队破冰的做法很多，下面介绍几种经常用到的破冰游戏。

1. 揉肩捶背游戏

所需时间：5~10分钟。人数：不限。事前准备：无。

活动流程：

①请大家肩并肩围成圈站好，然后向右转，呈前后站立队形，各人双手搭在前人的肩膀上。

②根据指令，请后面的成员为前面的成员捏肩、捶背，边走边做边唱："走起来呀走起来……捏捏肩呀捏捏肩……捶捶背呀捶捶背……"

③每个口令重复做两遍，然后全体成员向后转，重复刚才的口令和动作。

④全体成员站立不动，各人双手搭在前人肩上，原地为他揉肩、捶背，并且真诚地说一句"你辛苦了，谢谢你"。然后全体成员向后转身，重复刚才的动作和语言。

⑤如此可以反复多次，待气氛活跃，大家身体放松后，停止游戏。

2. 两人一组的指路游戏

所需时间：10分钟。人数：4~20人。事前准备：眼罩。

活动流程：

①两人分为一组。

②其中一人蒙上眼睛，另一人用声音指路（在屋里进行时需要避开椅子或桌子等障碍物抵达终点）。

③结束以后，在回顾时，催化师可提出问题，让大家思考交流。如："你觉得语言上的交流如何？""你觉得对方值得信赖吗？"

3. 搭纸塔

所需时间：20分钟。人数：10~20人。事前准备：A4纸。

活动流程：

①几个人分为一组，每组给 50 张左右 A4 纸。

②给每组 10~15 分钟的时间，不许使用任何工具，只用手中的 A4 纸搭纸塔。

③搭完纸塔之后，大家一起比较成果，看哪组搭的纸塔高。比较过程中如果有纸塔倒塌了，气氛会更活跃。

④游戏结束后，让大家回顾作战时间的用法、小组讨论的方式等。内容是这个游戏的关键所在。回顾时，催化师要向小组成员提出问题："假如再玩一遍，你们会怎样利用作战时间？""这些可以应用到日常工作当中吗？"

4. 排队游戏

所需时间：10 分钟。人数：20~50 人。事前准备：无。

活动流程：

①几个人分为一组。

②所有人站起来，按组排成一列。

③催化师给出指示，让小组成员排队，比哪组排得最快。例如：按名字的首字母顺序排队、按出生日期顺序排队、按今早起床的时间先后排队等。刚开始可以做"按身高顺序排队"之类比较简单的指示，然后逐渐增加难度（如按手掌长度顺序排队、按手机尾号的大小排队等）。

④在回顾胜利或失败的主要原因时，要让小组成员体会到大家积极合作的重要性，以及领队和成员的职责。

根据研讨处在的不同环节来选择不同的引导催化工具，研讨的第一环节，重点在于激发团队成员思考，可以采用头脑风暴、头脑笔记、团队列名、匿名卡片、收集意见卡、德尔菲法和智慧墙等工具。

九、常用工具：头脑风暴法

头脑风暴法是一种激发集体智慧和激活创新想法的思维方法。头脑风暴法追求的是观点、意见的数量和创意性，而非正确性。使用头脑风暴法的目的是激发大家的智慧，促使大家产生新的观念或创新设想。在头脑风暴法的实施过程中，严禁批评，小组成员不对别人所提意见的可行性进行任何评价；观点多多益善，求量不求质；可以搭便车，在别人观点的基础上进行补充与整合。

1. 使用头脑风暴法的情形

遇到以下情形，可使用头脑风暴法：

①为获取大量的观点或想法、为课题寻找多种解题思路的环节。这一情形要求小组成员要善于想象，语言表达能力要强。

②为将众多的想法或建议归纳转换成实用方案的环节。这一情形要求小组成员善于归纳，善于分析判断。

2. 头脑风暴法的使用要求

运用头脑风暴法，有以下要求：

①参加人数一般为5~10人为宜，最好由不同专业或不同岗位者组成。

②会议时间控制在 1 小时左右,可根据需要灵活调整。注意时间不能太短,否则容易思考不充分。

③催化师只主持会议,对观点不做评论。设记录员 1~2 人,要求其认真将每个人的所有观点完整地记录下来。

④催化师要熟悉并掌握头脑风暴法的操作要点,对问题现状和发展趋势有大致了解。

⑤开始前需要向小组成员讲清规则,必要时可提前进行柔化训练,即对缺乏创新锻炼者进行打破常规思考、转变思维角度的训练活动,以打破其思维惯性,使其从单调的紧张工作环境中解放出来,以饱满的创造热情投入激励设想活动。

3. 头脑风暴法的使用原则

为使小组成员能够畅所欲言,互相启发和激励,达到较高效率,在使用头脑风暴法时,必须严格遵守下列原则:

①禁止批评和评论,也不要自谦。对别人提出的任何想法都不能批判、不得阻拦。彻底防止出现一些"扼杀性"语句和"自我扼杀"的语句,例如:"这根本行不通""你这想法太陈旧了""这是不可能的""这不符合××定律"及"我提一个不成熟的看法""我有一个不一定行得通的想法"等。

②目标集中,追求设想数量,越多越好。小组成员提出的观点和想法越多越好,不用刻意追求质量。

③鼓励巧妙地利用和改善他人的设想,这是激励的关键所在。每个成员都要从他人的设想中激励自己,从中得到启示,或补充他人的设想,或将他人的若干设想综合起来提出新的设想。

④小组成员一律平等，记录员要把每个人的所有设想全部记录下来。参加头脑风暴小组的成员不论是该领域的专家、领导，其他领域的学者，还是该领域的外行，一律平等；各种设想，不论大小，哪怕是最荒诞的设想，记录员也要认真地将其完整记录下来。

⑤主张独立思考，不允许小组成员私下交谈，以免干扰别人的思维。

⑥提倡自由发言，畅所欲言，主意越新、越怪越好，因为它往往能启发人推导出好的想法。

⑦不强调个人的成绩，应以小组的整体利益为重。不以多数人的意见阻碍个人新的观点的产生，要最大程度地激发个人追求更多更好的主意的积极性。

4. 头脑风暴法的操作步骤

头脑风暴法的操作步骤如下：

①主持人发言：说明规则并澄清议题，规定时间，安排计时员、记录员，鼓励所有人思考。

②个人自由发言：要在别人观点的基础上进行创造。在这一阶段，主持人可使用规则维持秩序，可以点名让不发言的人参与进来。

③小组讨论：解释澄清某些观点，合并同类观点但不是做概括总结。

5. 主持头脑风暴讨论的技巧

催化师作为主持人，应懂得各种创造性思维和技法，会前要向小组成员重申会议应严守的原则和纪律，善于激发成员思考，使场面轻松活跃而又不偏离头脑风暴法的规则。常用的主持技巧有：

①让小组成员轮流发言，每轮每人简明扼要地说清楚一个创意设想，避免形成辩论会或出现发言不均的现象。

②要以赏识、激励的词句语气和微笑、点头的行为语言，鼓励小组成员多出设想，如说："对，就是这样！""太棒了！""好主意！这一点对开阔思路很有好处！"

③禁止使用下面的话语："这点别人已说过了！""实际情况会怎样呢？""请解释一下你的意思。""就这一点有用。""我不赞赏那种观点。"

④经常强调设想的数量，比如平均3分钟内要发表10个设想。

⑤遇到小组成员思考"短路"时，可暂停思考，让大家休息几分钟，休息方法自选，或发给每人一张与问题无关的图画，要求讲出从图画中获得的灵感。

十、常用工具：头脑笔记法

使用头脑笔记法，能收集到大量的想法和解决方案，收集到的想法越多，就越容易形成最佳的解决方案。它的原理是，让小组成员从每个人的想法中汲取营养，再消化吸收产生新的想法。

1. 头脑笔记法的操作步骤

头脑笔记法的操作步骤如下：

①分组，每组8~10人。

②催化师或者小组长向组员展示出一个问题。小组成员各自在纸上写下尽可能多的想法，但不能讨论。

③暂停计时，小组成员提交各自的想法给其他成员，例如每个人把

自己的纸向右或左面传递，或者把纸放在台面中间，大家互相交换。

④催化师引导小组成员用传递过来的纸上的想法来激发自己的想法，然后产生新的想法，或改善之前想得不够周到的地方。

⑤继续下一轮交换，一直到计时结束为止，注意保持秩序。

⑥最后把纸收集起来，汇总和评估这些想法。

2. 使用头脑笔记法的注意事项

在使用头脑笔记法的过程中，要格外注意两点：

第一，每个人都要积极思考，不能想着"搭便车"。头脑笔记法的关键点是收集更多的想法并从中找到最佳方案，最开始每个人的积极思考及其随后在他人启发下的再思考、再完善同样重要。如果小组成员参与热情度不高，不主动思考，想着"搭便车"，这样将不利于最后汇总出高质量的想法或方案。因此，催化师事先一定要向小组成员强调这一要求。

第二，条件允许的话，最好让小组成员每人使用不同颜色的笔进行区分。多种颜色涂鸦在纸张上，一方面，增加色彩，可以刺激小组成员的感性思维，避免研讨枯燥乏味；另一方面，每个人到底贡献了多少想法、质量如何，一目了然，这对于小组成员而言，也是一种有力的促动。

十一、常用工具：团队列名法

团队列名法是一种结构化的头脑风暴法：让所有小组成员在规定的时间内独立思考并记录下自己的观点，然后按照一定的顺序轮流依次发言，直到穷尽所有的观点。这种方法能够最大程度地收集小组成员的意见，防止研讨由少数人控制。

1. 团队列名法的操作步骤

团队列名法的操作步骤如下：

①主持人发言：陈述并澄清议题，规定时间，安排计时员、记录员，说明规则，鼓励所有人思考。

②个人独立准备：规定独立准备时间及每个人需要提供的观点数量；小组成员思考并笔录自己的观点，不允许讨论。

③小组个人发言：按顺序轮流发言，一次只讲一条，别人讲过的就略过，没有意见就越过，直到穷尽所有人的意见；让记录员把所有发言写在活动挂纸或活动卡片上；其间不评论其他人的意见，但可以简单澄清。

2. 团队列名法的操作难点

如果催化师一开始没有澄清议题或者说明会议规则，小组成员就不能根据目标展开有效的讨论，就会盲目提出自己的观点，导致研讨会议失败，所以催化师在澄清议题的时候必须注意：

①我们要解决什么问题？

②我们为什么要解决这个问题？

③我们要达成的目标是什么？

④是否清楚理解这个问题？

3. 团队列名法的使用小窍门

使用团队列名法要用到大量白纸，现在介绍一下白纸的五个使用技巧：

①使用三种颜色的笔（黑色写正文，蓝色写标题，红色做标注）；

②每页纸有标题和编号；
③字体大小要确保在场所有人都能看清楚；
④观点即时落纸，大纸及时上墙，确保所有观点放在视野中；
⑤如实记录发言人的语言。

十二、常用工具：匿名卡片法

在会议或研讨中，有时小组成员会很难表达出他们的想法。例如参与人员有主管领导甚至单位主要领导，一些成员会有些担心或害怕，觉得自己说得不好会受到领导的批评或者给领导造成不好的印象；或者是某些话题过于敏感，涉及的利益关系盘根错节，小组成员难以启齿或担心自己直言会受到打击报复。遇到类似情况，催化师可以尝试使用匿名卡片法来推动研讨进程。

匿名卡片法的操作步骤如下：
①向小组成员展示出问题。
②给小组成员时间思考问题，每个人至少提出一个想法。让大家以匿名的方式在卡片上简短地写下想法。
③催化师收集卡片然后向大家宣读。使用匿名卡片，可让大家抛开顾虑，实事求是，敞开心扉，从而收集到更多有创意的想法。
④安排人员汇总大家的想法之后，可及时处理掉卡片，避免有人通过笔迹识别等方式分辨人员。要考虑周全，打消小组成员的顾虑。

十三、常用工具：收集意见卡

在这个方法里，小组成员使用红色、黄色或绿色折纸卡片来表述其对每个项目的个人想法或意见。

这张卡片是由一张纸叠成的空心三角形，三角形的每一面分别被涂上红色（我不同意）、黄色（勉强可接受）、绿色（非常同意）。当所有成员对某一个项目表述同一个颜色时，整个团队即达成共识。

1. 收集意见卡的操作步骤

收集意见卡的操作步骤如下：

①明确每一个问题或争议；

②让每一个成员把黄色面朝向桌面中心；

③讨论解决方法，当一个问题被提及时，小组成员可随时改变卡片的颜色，以表示其对该问题的想法或态度；

④当某一个问题达成共识，就可以停止讨论了。

2. 对收集意见卡的补充说明

使用收集意见卡的方法，还要注意以下两点：

①收集意见卡适用于研讨中组内达成共识环节，三种颜色代表三种态度。用颜色卡片表态，一来比较形象有趣，二来也避免了小组成员在表态环节模棱两可，态度不明。

②一般是分成三个颜色并对应三种态度，也可以根据研讨实际情况，增加一到两种颜色和态度，但是要注意，颜色越多，达成一致的难度就越大。具体如何灵活应用，需要催化师提前做好考虑。

十四、常用工具：德尔菲法[①]

德尔菲法一般不在研讨学习活动现场使用。但是在两次集中学习辅导的过程中，小组成员为了进一步完善细化方案，保证方案落地执行，会经常使用到该方法。德尔菲法尤其能够更好地发挥专家意见的作用。因此，这里也将德尔菲法作为行动学习常用的一项工具方法予以介绍。

1. 德尔菲法的发展演变

德尔菲法是20世纪40年代由赫尔默（Helmer）和戈登（Gordon）首创的。1946年，美国兰德公司为避免集体讨论存在的屈从于权威或盲目服从多数的缺陷，首次用这种方法来进行定性预测，后来该方法被迅速广泛采用。20世纪中期，当美国政府执意发动朝鲜战争的时候，兰德公司就提交了一份预测报告，预告这场战争必败。政府完全没有采纳，结果一败涂地。从此以后，德尔菲法得到广泛认可。

德尔菲法产生于科技领域，后来逐渐被应用于各种领域的预测，如军事预测、人口预测、医疗保健预测、经营和需求预测、教育预测等。此外，还用来进行评价、决策、管理沟通和规划工作。

2. 德尔菲法的特征

德尔菲法具有以下特征：

①资源利用的充分性：吸收不同的专家参与预测，充分利用专家的经验和学识。

[①] 徐兴家主编，《迈向教研咨一体化：行动学习的理论、实践与展望》，中共中央党校出版社，2015年。有改动。

②最终结论的可靠性：采用匿名或背靠背的方式，能使每一位专家独立自主地做出自己的判断。

③最终结论的统一性：预测过程必须经过几轮反馈，使专家的意见逐渐趋同。

德尔菲法的这些特点使它成为最有效的判断预测法之一。

3. 德尔菲法的操作步骤

使用德尔菲法应遵循如下步骤：

①确定调查题目，拟定调查提纲，准备向专家提供的资料，包括预测目的、期限、调查表及填写方法等。

②按照课题所需要的知识范围确定专家。专家人数的多少，可根据预测课题的大小和涉及面的宽窄而定，一般不超过20人。

③向所有专家提出所要预测的问题及有关要求，并附上有关这个问题的所有背景材料，同时请专家提出还需要什么材料。

④各个专家根据他们所收到的材料，提出自己的预测意见，并说明自己是怎样利用这些材料并提出预测值的。

⑤汇总各位专家的第一次判断意见，列成图表，进行对比，再分发给各位专家，让专家比较自己同他人的意见，修改自己的意见和判断。也可以把各位专家的意见加以整理，或请身份更高的其他专家加以评论，然后把这些意见再分送给各位专家，以便他们参考后修改自己的意见。

⑥将所有专家的修改意见收集起来，进行汇总，再次分发给各位专家，以便做第二次修改。逐轮收集意见并为专家反馈信息是德尔菲法的主要环节。收集意见和信息反馈一般要经过三四轮，直到每一个专家不再改变自己的意见为止。在向专家进行反馈的时候，只给出各种意见，

但并不说明发表各种意见的专家的具体姓名。

⑦对专家的意见进行综合处理。处理时注意两点：一是充分发挥各位专家的作用，集思广益；二是把各位专家意见的分歧点表达出来，扬长避短。

十五、常用工具：智慧墙

智慧墙是进行信息交流共享的一种新形式，是开展团队学习的一种新方法。所谓"智慧墙"，就是小组成员以白纸贴满一面墙，然后大家就某项正在思考解决的问题，一起绘出所有的因果关系，从而实现系统思考，发现问题的开放性。

智慧墙作为开展行动学习的工具，首先针对一定的议题，小组成员分别匿名、独立写下个人的意见，然后由催化师收集、整理，贴到墙上，最后大家交流讨论并由催化师点评。

1. 智慧墙的操作步骤

智慧墙的操作步骤如下：

①催化师先公布讨论议题，会议规模以20人左右为宜。

②给小组成员发一支较粗的彩色水笔和多张白纸条。

③每张纸条上只提一条具体意见，只写一句话。

④收集纸条，分类，筛除个别空话、大话、套话后，将同类意见按同一列粘贴在墙上。

⑤大家在墙边巡回阅读，将自己的新想法写在纸条上并贴到墙上。

⑥由催化师点评。必要时可请提案人自己解说，别人也可提问题和

发表评论，引发会场热烈探索、交流，营造轻松、互动的学习气氛。

在此过程中，可以使用思维导图的地方有：第一，画出中心议题；第二，收集并整理大家的意见，将其中有联系的内容连线，并且对重要的意见用亮色标记；第三，大家在墙边巡回阅读，将自己的新想法写在某个意见下面，作为它的并行或者下一层分支等。

2. 成功应用智慧墙的关键

应用智慧墙方法成功的关键因素有：

①讨论议题的确定。讨论的议题不宜过多，最好一次一个；议题要有意义，可探讨。

②会议主持人。主持人在会议中起着非常重要的作用，行动学习项目主持人指的就是催化师。这里对催化师要求也比较高。催化师的点评和引导是即兴进行的，这就要求催化师有广博的知识和丰富的管理实践经验，通晓全局，能做到厚积薄发、详略得体、深浅有度、击中要害、画龙点睛。

研讨的第二个环节侧重于锁定和分析问题，可以采用的工具主要包括鱼骨图法、六顶思考帽、曼陀罗思考法、力场分析、深度汇谈、SMART 目标制定法和 5W2H1R 计划制订法等。

十六、常用工具：鱼骨图法

鱼骨图法是一种发现问题根本原因的方法，它也可以被称为"因果图法"。其特点是简捷实用,深入直观。它看上去有些像鱼骨,问题或缺陷(后果)标在鱼头处,产生问题可能的原因像鱼刺一样长在最粗的鱼骨上。

1. 鱼骨图的应用要领

在画鱼骨图时,由催化师引导小组成员共同确定一个中心主题(鱼头)和三个到五个分支主题(粗鱼骨),然后将收集到的A、B、C等观点分类列为分支主题的"子"主题(细鱼骨),若发现B观点只是A观点的进一步阐述,不能直接列为分支主题的子主题,则将B观点放在A观点下,作为"孙"主题(特细鱼骨);如果有观点不能放在任何一个分支主题下的,则另建个分支主题。

2. 鱼骨图的操作步骤

使用鱼骨图时要遵循如下步骤:
①把要解决的问题写在鱼骨的头上;
②共同讨论问题出现的可能原因(头脑风暴法/团队列名法),尽可能多地找出原因;
③对提出的原因分组分类,在鱼骨上标出;
④针对问题的原因再问几个为什么,这样至少深入五个层次(连续问五个问题);
⑤当深入到第五个层次后,认为无法继续进行时,列出这些原因,而后列出解决方法。

十七、常用工具：六顶思考帽

六顶思考帽是英国学者爱德华·德博诺（Edward de Bono）博士开发的一种思维训练模式，或者说是一个全面思考问题的模型。它提供了"平行思维"的工具，避免将时间浪费在互相争执上。它强调的是"能够成为什么"，而非"本身是什么"。它旨在寻求一条向前发展的路，而非争论谁对谁错。运用六项思考帽，能使混乱的思考变得更清晰，使团体无意义的争论变成集思广益的创意大会，使每个人变得富有创造性。

1. 六顶思考帽的具体方法[①]

六顶思考帽，即使用六种不同颜色的帽子代表六种不同的思维模式。任何人都有能力使用以下六种基本思维模式：

白色思考帽——白色是中立而客观的。戴上白色思考帽，人们关注的是客观的事实和数据。

绿色思考帽——绿色代表茵茵芳草，象征勃勃生机。绿色思考帽寓意创造力和想象力，具有创造性思考、头脑风暴、求异思维等功能。

黄色思考帽——黄色代表价值与肯定。戴上黄色思考帽，人们将从正面考虑问题，表达乐观的、满怀希望的、建设性的观点。

黑色思考帽——戴上黑色思考帽，人们可以运用否定、怀疑、质疑的看法，合乎逻辑地进行批判，尽情发表负面的意见，找出逻辑上的错误。

红色思考帽——红色是情感的色彩。戴上红色思考帽，人们可以表现自己的情绪，还可以表达直觉、感受、预感等方面的看法。

---

① 爱德华·德博诺著，马睿译，《六顶思考帽》，中信出版社，2016年。有改动。

蓝色思考帽——蓝色思考帽负责控制和调节思维过程。

催化师负责控制各种思考帽的使用顺序，规划和管理整个思考过程，并负责做出结论。

2. 使用六顶思考帽时应避免的误区

人们使用六顶思考帽时最容易陷入的误区就是仅仅把思维分成六个不同的颜色。实际上，对六顶思考帽的应用关键在于使用者用何种方式去排列帽子的顺序，也就是组织思考的流程。只有掌握了如何编排思考的流程，才能说是真正掌握了六顶思考帽的应用方法。

3. 六顶思考帽的操作步骤

六顶思考帽在研讨中典型的操作步骤为：
①陈述问题（白帽）；
②提出解决问题的方案（绿帽）；
③评估该方案的优点（黄帽）；
④列举该方案的缺点（黑帽）；
⑤对该方案进行直觉判断（红帽）；
⑥总结陈述，做出决策（蓝帽）。

十八、常用工具：曼陀罗思考法

曼陀罗思考法是一种通过多角度思考促进思维发散的方法。在讨论拥有一个大主题及多个副主题的时候，这个工具可以有效帮助避免偏颇，并巧妙地引出富有创造性的讨论。利用这个工具，可以在不脱离主要主题的同时写出 4~8 个副主题,让小组成员总瞰全局,有时还能发现其中意想不到的联系。

1. 曼陀罗思考法的用法

曼陀罗思考法的用法如下:

①在白板(纸)的正中大字写上主题。

②在把意见写上去的过程中,要注意整体排版(如四等分、九等分等,见表 3-1),根据需要将主题写在分割好的框里。

③将从框里的主题中发现的想法和意见写下来。再用不同颜色表现其中的关联,或用箭头将其联系起来,以引申出更多的想法。

比如:研讨的主题是"今后商务人士所需要的是什么",副标题是"技能"与"头脑"。想到什么就讨论什么。催化师在写板书的时候有意识地给各个主题留出了空间,因此即便同时讨论"技能"与"头脑",也不会觉得混乱。

表 3-1 曼陀罗思考法等分表格

2. 曼陀罗思考法的使用小窍门

对于一般的副主题,以下内容能对讨论有所帮助:"经过""现状""理想状态""课题现状与理想状态间的差距""假设""既定事项""行动计划"等。

十九、常用工具：力场分析

1. 力场分析的适用情景

无论多完美的计划，在推动过程中，都会遇到阻力。在分析计划或提前研判中，小组成员可以从推动力和抵抗力两个角度来进行"力场"分析，从而更广泛地达成共识，提高团队执行力。这个工具对于分析在执行阶段遇到困难的项目很有效。

2. 力场分析的用法

力场分析的具体操作方法如下：

①在白纸上写上一个巨大的T字，然后写上标题——"×××毫无进展的力场分析"，再写上"推动力"和"抵抗力"。

②针对真正影响执行的阻力和动力因素展开头脑风暴，要实话实说。然后在T字的左边写上"推动力"的因素，右边写上"抵抗力"的因素。

③为了更直观地理解力的大小，可以用箭头的大小来体现。

④针对如何减小"抵抗力"展开头脑风暴。

⑤针对如何进一步提高"推动力"展开头脑风暴。

⑥针对是否能增加新的"推动力"展开头脑风暴。

2. 力场分析的使用小窍门

使用力场分析有如下小窍门：

①引导众人说出真实想法并制成分析图（见图3-1）；

②配合问卷调查效果更佳。

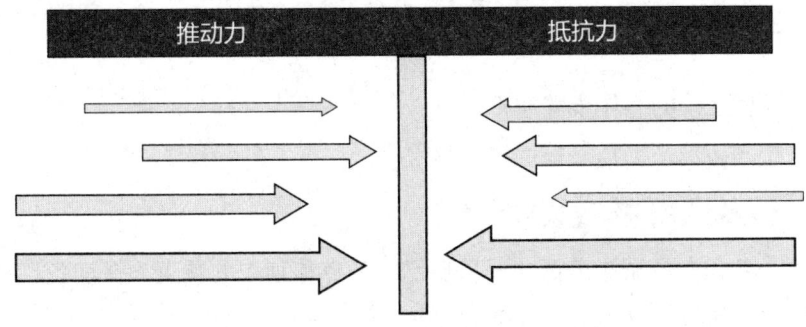

图 3-1 力场分析图

二十、常用工具：深度汇谈

深度汇谈就是通常所讲的对话（dialogue），之所以翻译成"深度汇谈"，主要是想强调对话的深入性。深度汇谈的要点是，每个小组成员都集中注意力倾听别人的发言，并跟随汇谈的思路及节奏思考和发言，凝聚每个人的智慧，形成集体思考结果，打破个体思考的局限性。

1. 深度汇谈的原则

采用深度汇谈方式，应遵循以下原则：

第一，汇谈的目的是要突破个人见解，形成集体智慧，而不是赢得对话。因此，每个人都要以开放的心态参与汇谈，不能执着于自己的意见并竭力为自己的意见辩护。

第二，每个人都要集中注意力仔细聆听，积极融入集体汇谈。

第三，每个人都要跟随汇谈的节奏进行思考和发言。

2. 深度汇谈的操作步骤

深度汇谈的操作步骤如下：

①邀请相关人员参加汇谈；

②组织大家进行交谈和思考；

③参会人员搁置争议，反思自己的观点和别人的观点，探询各自观点背后的依据以及争论的症结所在；

④抛开个人主张，对争议的症结进行讨论，围绕问题进行集体思考，并将这种集体思考尽可能地延伸下去，直到形成基本共识；

⑤汇谈结束时，给每名参与者一次发言的机会，让他们简单陈述自己的想法、感想及所注意到的事情。

3. 使用深度汇谈方式的注意事项

使用深度汇谈方式，应注意如下几点：

第一，在邀请人员参加汇谈时一定要有诚意，尊重被邀请对象；

第二，在汇谈中要营造自由、民主、平等的氛围，消除身份和职权的差异；

第三，每名参与者都要全身心投入汇谈；

第四，在发生争议时，催化师要引导大家冷静反思；

第五，在汇谈陷入僵局或者气氛高度紧张而痛苦不堪时，催化师要引导大家坚持，并寻找新的突破点。

二十一、常用工具：SMART 目标制定法

如何衡量计划或方案的预期目标的"好坏"？SMART 目标制定法就

是一项非常实用的判断工具。SMART原则由管理学大师彼得·德鲁克提出，最早出现于其1954年出版的《管理实践》一书。符合SMART原则的目标，相对来讲更具有针对性和指导性，也更容易得到执行与实现。

1. 原则一：S（specific）——明确性

明确性，即目标要清晰、明确，让考核者与被考核者能够准确地理解目标。

目标的明确性原则，要求人们要用具体的语言清楚地说明要达成的行为标准。

例如：目标是"提升客户满意度"，这种对目标的描述就很不明确。因为提升客户满意度有许多具体做法，如：减少客户投诉，过去投诉率是3%，现在把它减低到1.5%或者1%；提升服务的速度，使用规范礼貌的用语，或者采用规范的服务流程；等等。既然有这么多提升客户满意度的做法，如果不说明到底指的是哪一个，就没有办法对行为进行评判、衡量。

操作技巧：目标设置要说明具体项目、衡量标准、达成措施、完成期限及资源要求，使考核人能够很清晰地看到计划要做哪些事情，计划应完成到什么程度。

2. 原则二：M（measurable）——可衡量

目标可衡量，指目标应该是明确的、被量化的。应该有一组明确的数据作为衡量目标是否达成的依据。如果制定的目标没有办法衡量，就无法判断这个目标是否实现。

例如：目标是"为所有的老员工安排进一步的管理培训"，这里的

"进一步"是一个既不明确也不容易衡量的概念，到底指什么？是不是只要安排了这个培训，不管谁讲，也不管效果好坏，都叫"进一步"？把这个目标改进一下：在什么时间完成对所有老员工关于某个主题的培训，并且在这个课程结束后，学员的评分在85分以上，就是所期待的结果，低于85分，就认为效果不理想。这样目标就变得可以衡量了。

操作技巧：目标的可衡量，应遵循"能量化的量化，不能量化的质化"原则。使制定人与考核人有一个统一的、标准的、清晰的、可度量的标尺，杜绝在目标设置中使用概念模糊、无法衡量的描述。

3. 原则三：A（achievable）——可实现

目标要通过努力可以实现，也就是目标不能过低和过高，过低了无意义，过高了实现不了。目标是要能够被执行人所接受的，如果在团队中，团队领导利用身份和权力，一厢情愿地把自己制定的目标强加给下属，这会造成团队成员在心理和行为上的抗拒。成员的真实反应是：我可以接受，但是否完成这个目标，有没有最终的把握，这个可不好说。一旦目标没有完成，无论原因为何，成员纷纷推卸责任：你看我早就说了，这个目标肯定完成不了。

"控制式"的领导喜欢自己定目标，然后交给下属去完成，他们不在乎下属的意见和反馈，这种做法越来越行不通。领导者应该更多地让下属来参与目标制定的过程，即便是团队整体的目标。

操作技巧：目标设置要坚持让团队成员参与，实行上、下、左、右全方位沟通，使拟定的工作目标在组织及个人之间达成一致，既使工作内容饱满，也具有可达性。可以制定跳起来"摘桃"的目标，不能制定跳起来"摘星星"的目标。

4. 原则四：R（relevant/realistic）——相关性/现实性

目标要和工作有相关性，不是被考核者的工作，别设定目标。现实性是指目标在现实条件下要可行、可操作。目标不可行，通常有两种情形：一方面，可能乐观地估计了当前形势，低估了达成目标所需要的条件，以至于下达了一个高于实际能力的目标；另一方面，可能花了大量的时间、资源甚至人力成本，最后确定的目标根本没有多大实际意义。

操作技巧：团队目标要得到各位成员的通力配合，就必须让各位成员参与到团队目标的制定中去，使个人目标与组织目标达成认识一致。

5. 原则五：T（time-based）——时限性

目标的时限性就是指目标是有时间限制的。例如：目标是"我将于2019年5月31日之前完成某事"，5月31日就是一个确定的时间点，没有时间限制的目标没有办法考核，也会带来考核不公的现象。上下级之间对目标轻重缓急的认识程度不同，领导着急，但下属不知道，到头来领导暴跳如雷，而下属觉得委屈。这种没有明确的时间限定的目标会造成考核的不公正，伤害工作关系，伤害员工的工作热情。

操作技巧：目标设置要具有时间限制，要根据工作任务的权重、事情的轻重缓急，拟定出完成目标项目的时间要求，并定期检查项目的完成进度，及时掌握项目进展的变化情况，以方便对参与人员进行及时的工作指导，以及根据计划执行过程中的异常情况及时地调整工作计划。

二十二、常用工具：5W2H1R 计划制订法

1. 什么是 5W2H1R

5W，即：

why：为什么——为什么采取这项行动？

what：什么——描述这项行动计划并给出名称。

who：谁——谁是这项行动的决策人和执行者？

when：何时——我们什么时间能达成目标？

where：何地——这项行动在哪个范围内进行？

2H，即：

how：如何做——这项行动的程序、步骤和优先级。

how much：多少——我们要投入多少时间、精力和经费？

1R，即：

result：结果是什么——用定量和非定量的办法描述效果和成绩。

2. 5W2H1R 计划制订法的操作步骤

①每个小组准备五张大白纸，标题分别是为什么、何事、谁、何时、何地；

②从要讨论的议题开始，小组成员依次把自己的观点填在相应主题的白纸上，可由小组长统一整理；

③填写完毕，各小组成员进行集中讨论，重点把谁、何事、何时、何地的内容再汇总统一；

④再准备三张大白纸，标题分别是如何做、要投入什么、结果是什么，各小组长组织成员填写，根据研讨任务的需要，最终形成小组计划。

在汇总梳理问题及对策环节，研讨的目标是进行思维收敛集中，将小组成员提到的观点和主张进行分类处理。在这一环节常用的工具主要有亲和图法、表格图形法、要素分析法、停车场、展览 SHOW、辩论和角色扮演等。

二十三、常用工具：亲和图法[①]

亲和图是对大量想法进行分类整理的工具。当有大量的想法需要处理时，运用亲和图，小组成员可以从一大堆信息中提炼出若干主题，发现彼此想法之间的联系，把杂乱的想法整理得井然有序，促使最佳的想法产生。例如在运用头脑风暴得出众多想法之后，就可以用亲和图来整理。

1. 亲和图的使用情形

具体来讲，当遇到以下情形时，可使用亲和图：
①一些看起来错综复杂、令人毫无头绪的问题；
②当团队陷入无止境的争吵或一片混乱之时；
③当团队需要在大量想法和意见中找出有主导性的思想时。

2. 亲和图的操作步骤

使用亲和图一般有如下几步：
①写出将要讨论或考虑的问题。这些问题应当是清晰明确、不带有

[①] 英格里德·本斯著，任伟译，《引导：团队群策群力的实践指南》，电子工业出版社，2019年。有改动。

任何偏见的，小组成员能够准确理解的问题。

②记下所有意见。每个成员都应当在一张白纸上独立写下自己的想法，其间没有任何人员之间的讨论。当所有成员都写出自己的想法后，才开始下一步。

③所有成员把自己的纸放在一个特定的桌面上，桌面上不摆放任何其他东西，所有纸张是随机摆放的。

④可以把类别名写在较大一点的白纸上，用彩色画框做出标记，把写有这些类别名的纸贴在墙上，以提示小组成员。

⑤把所有意见纸逐一注明类别，接着小组成员以最快的速度把意见纸片归类，这个过程应当迅速且安静，所有争议要在最短时间内解决，以明确归类为首要任务。

⑥对整理出来的结果加以回顾和确认，把想法相同的意见纸粘在一起，允许大家再次贡献新的想法。

⑦对每个类别的想法进行优先级排序，可以用画"正"字的方法选出每个类别的最佳想法。然后请大家根据最佳想法制订行动计划。

二十四、常用工具：表格图形法[①]

为了帮助小组成员更好地理解统计数据，在研讨中，催化师会建议小组成员对数据进行整理，用表格方式展示出来，更为直观地传递信息。大家在动手整理信息和制作表格的过程中，也让整个研讨思路趋于清晰和明朗。

---

① 森时彦等著，朱彦泽等译，《引导工具箱：解决组织问题的49个工具》，电子工业出版社，2016年。

1. 常用的表格图形的特点

常用的表格图形包括曲线图和饼图。

（1）曲线图

曲线图是一个呈现数据发展趋势的有效工具。曲线图具体又有两种形式：柱形曲线图、条形曲线图。

①柱形曲线图——可以同时展示两个以上的数据。要让柱形曲线图看起来更清晰易懂，就注意要保持好各数据间的距离，尽可能地使柱形保持足够的宽度。不要尝试将柱形曲线图做得很复杂，因为易懂和清晰的柱形曲线图才能更有效地发挥作用。作为一个指导工具，柱形曲线图能在30秒内被人看懂，才能有效地发挥作用。

②条形曲线图——展示出数据在一定时期内的变化。要在坐标轴上标好数据，并将各数据对应的点连起来。改变计算单位的符号通常都会造成条形曲线图的混乱，所以要注意不要随意更改计算单位。另加上去的图表符号要清楚有效，否则会大大影响条形曲线图的作用。

（2）饼图

饼图可以将整体中的部分在一张图中展示出来，还可以将不同类别的数据整合在一起加以比较。使用饼图的时候只需要展示重点的几个数据即可，一般饼图内容不要超过六个数据元素。同时，饼图还可以将不同类别的数据整合在一起加以比较。

2. 表格图形法的使用技巧

在研讨现场，为提高效率，可以借用办公软件，如 Excel 表格中的图表功能，通过屏幕投影直接展示信息。

如果现场在白纸上制作表格图形,最好安排有一定绘图基础的成员操作,同时,使用多种颜色的彩笔效果更好。

二十五、常用工具:要素分析法[①]

在评估方案的时候,小组成员往往很难达成一致而陷入困惑,同样,在决策的时候,小组成员也因受到许多因素的干扰而不能果断和理性地做出决定。要素分析法聚焦两个要素:驱动要素和阻碍要素。该方法帮助小组成员理清思路,将两个要素区分开来,把驱动要素的最大作用发挥出来,同时削弱、消除阻碍要素的影响,扬长避短,使效益最大化。

1. 要素分析法的操作步骤

使用要素分析法可遵循以下步骤:

①把影响决策的要素分成驱动要素、阻碍要素,写入表3-2。

表3-2 影响决策的要素

驱动要素	阻碍要素

[①] 森时彦等著,朱彦泽等译,《引导工具箱:解决组织问题的49个工具》,电子工业出版社,2016年。

②引导小组成员对这些要素，尤其是阻碍要素进行研讨，分析利弊，让大家对阻碍要素达成共识。

③在充分分析阻碍要素的利弊之后，进行意见汇总，将其重要性进行排序，让整个小组清晰认识到前2~3个方面。然后把这几个方面写到表 3-1 中相应的阻碍要素旁边，时刻提醒小组成员关注。

④组织小组成员讨论并确定如何削弱阻碍要素带来的负面效果。

2. 要素分析法的变形应用

在实际使用中，要素分析法也有一个变形应用，即优缺点分析。催化师通常使用简单的表格来列出事情的优点与缺点（见表 3-3），找出具体问题，让小组成员在其中找出解决方案并评估最佳。优缺点分析帮助小组成员看清事情的两面性，在其犹豫不决的时候非常有效。

表 3-3　优缺点分析

优　点	缺　点

二十六、常用工具：停车场

研讨过程中，为了避免出现跑题现象，可以在现场设置一个"停车场"区域。

"停车场"的使用方法如下：

①在墙上贴一张纸，大字写上"停车场"或者英文大写字母"P"；

②当出现偏离讨论主旨的意见时，在得到发言人的允许后，先记录在"停车场"，之后再回到原本的讨论中；

③研讨即将结束时，再决定如何处理"停车场"上记录的内容。

此外，研讨中如果总有人就同一件事翻来覆去地说，也可以记录在"停车场"中，假如对方之后又重提那件事，就可以在"停车场"记录这件事的地方敲几下，以示提醒。

二十七、常用工具：展览 SHOW

展览 SHOW 是一种带有"表演秀"性质的讨论与信息传播方式，当团队成员偏年轻、有活力的时候，这种方法通常会得到大家的认可和欢迎。通过"表演"特点的公开演讲，可以帮助小组成员进一步厘清思路，反观背后的逻辑。同时，如果催化师控场能力强，研讨现场将呈现出热闹且有序的热烈氛围。

1. 展览 SHOW 的规则介绍

展览 SHOW 通常采用多位演讲者一个接一个地向全体小组成员做报告的形式。在操作上，为避免造成干扰，通常安排三位演讲者，每人演讲时长为 15~30 分钟。演讲者同时开讲，小组成员分散到各个演讲者的"讲台"区域，一轮演讲结束后，"听众"就流转到下一个"讲台"，演讲者面对新的听众再进行一次演讲。

2. 展览 SHOW 的操作步骤

①选定演讲者和确定演讲内容。从小组成员中选出演讲者，通常演讲者是小组长，也可以是其他小组成员。给演讲者 10 分钟的时间准备发言内容，其他成员可以帮助演讲者准备发言。选择演讲者要注意做到不同的观点有人来表达，由观点来挑选演讲者是好用的办法。原则上不建议先选定演讲者，然后安排其发表自己不认同的观点。

②演讲和提问讨论。第一轮的时候尽量做到每个"讲台"听众人数基本相同，演讲者在给定的时间内做完演讲，然后进行听众提问和讨论。对于提问和讨论也要限定好时间，如果没有提问则不强迫。

③进行重复操作。时间一到，让听众离开"讲台"，去到下一个"讲台"，可按照顺时针轮换。由演讲者面对不同的听众再讲一遍和组织提问讨论。

④确保每个小组成员都完整看到所有演讲者的"表演"后，催化师召集全体小组成员回到原有小组，并做简要总结。

二十八、常用工具：辩论

在研讨过程中，如果出现两个"针锋相对"的观点或者看法，支持者又势均力敌，为了促使小组成员对不同观点有深入的理解，并且能够对对方的逻辑进行检视，采用辩论的形式不失为一个好办法。通过分小组辩论的方式能够进一步促进每一方形成自己的论点，来接受对方的质疑和批评，也能促使小组成员进行换位思考，同时加强大家对不同观点的接受度和包容度。

辩论的操作步骤如下：

①确定观点和双方成员。每方安排 3~4 人阐述各自观点。在辩论开始前，一般留 10 分钟准备时间，每方人员都需要对两个观点进行准备，既要准备如何用自己表达的内容进行"进攻"，也要考虑对于对方的进攻如何"防守"。

②辩论攻防环节。甲方先表达己方观点，然后乙方提出质疑，甲方再对质疑进行回应。建议表达己方观点环节用时 7 分钟，回应对方质疑环节用时 5 分钟。然后交换双方观点，再进行一次表达观点与回应质疑。

③投票评选出获胜观点。完成一轮辩论攻防后，可由小组成员投票选出支持的观点。

二十九、常用工具：角色扮演

角色扮演在人才测评领域应用较多，实际上，在行动学习研讨环节，也可以通过角色扮演的方法来帮助小组成员加深对问题的认知与判断，通过设置或还原高度真实的任务场景，让"演员"置身其中，直接感知当下情境，而其他成员作为"观众"也会有更加直观的体验与感受。角色扮演在小组成员共同研讨与工作任务相关的沟通协调类难题时使用通常效果更好。

角色扮演的实施要点如下：

①提前做好"编排"，要根据研讨的主题设计一个与之密切相关的场景和若干情节，要明确赋予角色一些和实际工作密切相关的背景。对角色的清晰定义和对情节发展的清晰说明是角色扮演成功的关键。

②要敢于打破"编排"，鼓励进入情节后的适度自由发挥，允许每个人在情节演变过程中改变想法。

③说明时间限制和向"观众"交代清楚相关背景后，即可正式开始。

④结束后,催化师把大家聚拢起来对整个活动进行总结,这一环节也可以请每个小组选出一名代表进行发言总结。

研讨最后环节的主要任务在于统一思想和做决定,通常会用到投票法、矩阵决策法等工具。

三十、常用工具:投票法

投票法是用来选出大多数人认可的结论或方案的一种决策方法。小组成员就所收集的观点,根据自己的意见进行投票,可以每个观点得1票为1分,也可以按重要程度排序进行投票,对排序靠前的观点赋予更高的分数,比如重要程度排序为1、2、3,分别赋予3分、2分和1分。小组成员投票完成后,按得分高低选取主要观点或对策。

1. N5 投票法的用法

N5 投票法是一种常用的投票法,其具体用法如下:
①通过展开头脑风暴等方式收集意见。
②假设意见的数量是 N,就发给小组成员意见总数量的 1/5 的贴纸。例如,有 50 个意见,就给每个人 10 张贴纸。
③让所有成员从贴在墙上或其他地方的意见中选择自己喜欢的意见,贴上贴纸。
④从贴纸数量最多的意见开始讨论。

2. 投票法的使用小窍门

使用投票法，有以下小窍门：

①除以 5 是为了将意见筛选至 1/5 的数量，如果意见特别多，也可以除以 7 或除以 10；如果意见不是很多，也可以除以 3，即 N3 投票法。

②可以使用彩色贴纸，不同颜色代表不同的分数。例如：红色代表 5 分，蓝色代表 3 分，黄色代表 1 分。

三十一、常用工具：矩阵决策法

行动学习研讨过程中，各小组要善于利用矩阵对相关要素进行分门别类的处理和对比分析。矩阵决策法是一系列通过矩阵进行分析研判的方法，这里主要介绍四种经常用到的方法。

1. SWOT 分析法

S(strengths)——优势，W(weaknesses)——劣势，O(opportunities)——机会，T（threats)——威胁。

将与研究对象密切相关的各种主要内部优势、劣势，以及外部的机会和威胁等，通过调查列举出来，并依照矩阵形式排列，然后用系统分析的思想，把各种因素相互匹配起来加以分析，从中得出一系列相应的结论（SO、WO、ST、WT），而结论通常带有一定的决策性。

2. 重要性/紧急性矩阵

将各项工作按重要程度划分为重要与不重要，按完成时间要求分为紧急和不紧急，建立坐标系后，确定为四个象限。再对各项工作性质进行分析,逐项填入象限中,然后按工作所在象限采取不同的行动方案。

3. 收益/难度矩阵

将各项决策按收益划分为收益大和收益小,按完成难度分为难度大和难度小,建立坐标系后,确定为四个象限。再对各项决策性质进行分析,逐项填入象限中,然后按决策所在象限采取不同的行动方案。

4. 痛苦喜悦矩阵

抵抗变革的人远比我们想象的多得多。从心理学的角度来讲,抵抗变革源于对不变的喜悦和对变革的恐惧。痛苦喜悦矩阵,就是用于分析这一心理,将"不变的喜悦与变革的痛苦"转变为"由不变产生的痛苦与变革带来的喜悦",进而推动组织变革的工具。

(1) 痛苦喜悦矩阵的用法

痛苦喜悦矩阵的具体用法如下:

①制作"改变""不变"与"痛苦(成本、缺点)""喜悦(利益、优点)"的矩阵图(见图3-2)。

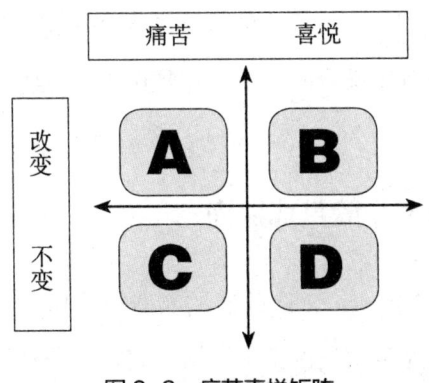

图3-2 痛苦喜悦矩阵

②让参与者填写矩阵图并共享不变的部分。

A + D > B + C → 不发生变化 = 不变。

A + D < B + C → 发生变化 = 改变。

③引导参与者讨论该采取什么措施将 A 变为 B、D 变为 C。

如何减弱变革的痛苦（A）并强化喜悦（B）？

如何剥夺不变的喜悦（D）并提高痛苦（C）？

（2）痛苦喜悦矩阵的使用小窍门

使用痛苦喜悦矩阵时要注意：

①不要一开始就制作矩阵图，先花点时间逐个详细讨论一番。

②引导大家回想处于 D 状态时的恶劣心情，并培养其问题意识。

③比较 B 和 C，认识到理想与现实的反差。变革的喜悦可以换成理想或愿景。

欣赏式探询、世界咖啡和复盘技术等六项经典技术均为广泛应用的团队学习技术，当前组织学习理论和方法不断融合发展，在实践层面上，很多行动学习项目也都结合使用未来探索、开放空间和鱼缸会议等技术，或组织专题工作坊，或截取某些技术方法置于行动学习研讨中。以下从行动学习研讨实操层面出发，简要介绍这些经典技术。

三十二、经典技术：欣赏式探询

《欣赏式探询的威力：正向改变的实践技能指导》一书指出，欣赏式探询是一种以问题为基础的汇谈方法，它通过积极提问，搜寻个人内心和组织最美好的一面,强化小组成员的理解能力、预测能力、正向潜能培育能力,实现个人和组织的可持续发展。

1. 欣赏式探询的操作步骤

欣赏式探询可以用于个人或者组织,其有四个关键的环节,称为"4D 循环"(见图 3-3)。

在整个循环开始之前,至关重要的内容是选择"乐观的主题",这个主题将会贯穿成长和变革的整个过程。而后的四个步骤是:

(1)发现(discovery)

发现我们过去和现在的成功因素。把利益相关者集中起来,请大家分享"我们的优势、最佳实践",并理清其中的逻辑关系,追根溯源,找到本质。

(2)梦想(dream)

我们这一辈子,到底想要做什么?具体到今年,我们想实现什么样的目标?对人生的展望,一定要继往开来,在"发现优势"的基础上,我们看到了自己和团队的更多潜能,就有信心挑战更为高远的目标。梦想是让人喜悦的,充足的信心让梦想的大厦更加坚实。同时,探询梦想,让我们后续的研讨以结果为导向,方向更正确。

(3)设计(design)

设计到达愿景的道路。搜寻我们的资源,进行组织设计、流程设计,保障我们可以充分发挥优势,实现梦想。

（4）实现（destiny）

执行设定的行动计划，它和一般跟进督导的主要区别在于，过程中需要增强组织的"肯定能力"，使大家具有充分的信心，以持续进行组织变革和绩效改善。

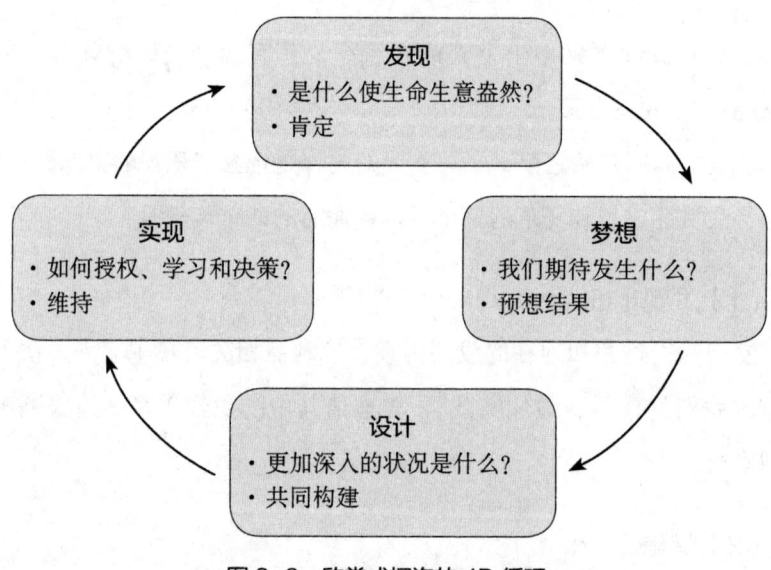

图 3-3　欣赏式探询的 4D 循环

4D 是一个循环的过程，对不同的个体伙伴循环使用，可以极大地挖掘个人的潜力；对大团队整体多次循环使用，会使每个环节的思考和探索更加深入有效。

2. 使用欣赏式探询的情形

人的行为由知识、技能、理念和动机支撑，越往深处，改变越困难；改变得越深，效果越持久。欣赏式探询是"从心出发，解决问题"，帮助人们发现优势，探索梦想，设计途径，细化行动，即着力在动机层面，通过激发人的美好愿望，让其做出积极的行为。

欣赏式探询是一门"攻心之术"，自然是在"心（动机）"出了问题的时候才使用，当动机空白、迷茫、错误时，都适用。

具体来说，对于组织，可以使用欣赏式探询的场景有：

①组织的战略不明确，没有梦想；

②组织没有中长期目标，或者目标模糊，或者目标没有挑战性；

③当面临重大转变时，组织气氛保守，反应迟钝，不能够快速应变和创新。

对于个人，可以使用欣赏式探询的场景有：

①个人没有梦想，对工作和生活缺乏激情，表现机械刻板。

②个人没有中长期目标，或者目标模糊；常常对生活、工作感到困惑，对现状不满意。

③当遭遇问题时不能快速应变，情绪脆弱。

三十三、经典技术：世界咖啡

世界咖啡让小组成员集思广益，解决问题，它引导协作对话、分享知识并创造行动的可能性，适用于各类组织。《世界咖啡：创造集体智慧的汇谈方法》一书中提到了国外常见的世界咖啡的具体操作步骤，国内用友大学这些年也开展了世界咖啡方法的本土化创新探索。这里主要介绍世界咖啡的操作步骤和使用原则，对于其具体设计和实施，各组织可以根据自身特点大胆创新。

1. 世界咖啡的操作步骤

世界咖啡的操作步骤如下：

①小组成员至少 12 个人，时间至少 90 分钟。

②一般是 4 个人坐在一桌，其中一人为桌长，桌长确定议题，然后围绕议题开展第一轮讨论，用时 20~45 分钟。

③每一轮结束的时候，桌长仍然留在本桌作为主持人，另外 3 个人到其他桌去，桌长要欢迎新的成员并简要介绍第一轮的讨论情况，然后展开第二轮讨论。

④按照这个方法逐次进行更多轮讨论，直至成员回到他们第一次所在的桌子。

⑤整个小组集合在一起分享并探究出现的主题、领悟和学习结果，通过图表或者其他方法将小组成员的共同智慧显示给每个人。到这里，会议可以结束，也可以开始新一轮的问题探究或质询。

2. 世界咖啡的使用原则

世界咖啡的使用原则如下：

①提出会议内容：明确交流目标和参加人数及参加会议的地点。

②创造宜人的环境：提供一个热情的、安全的、人性化的环境。

③探究相关问题：特别注意对于参与者来说最重要的问题。

④鼓励每个人的贡献：鼓励每个人有意义地参与并且对其贡献有实在的期望。

⑤糅合、联系不同的观点：鼓励不同的观点并且探究不同观点的相互联系。

⑥一起倾听、洞察问题并加深对问题的理解：在所有参与者的观点和激情的共鸣中，总结出能达成共识的团队观点。

⑦接受并分享共同的发现：将团体的共同智慧显性化。

三十四、经典技术：未来探索

未来探索是一种特别的会议形式，它往往在复杂、高冲突、充满不确定性的环境中，综合来自各方的利益相关者，通过对过去的回顾、对现在的分析，尤其是对未来的展望，塑造整个团队的愿景，激发团队实现梦想的动力，并推动具体的行动措施。

1. 未来探索的优势

未来探索的优势在于：

①未来探索适用于为组织创建共同的愿景，即使组织的结构十分复杂；

②对于有共同愿景的组织，未来探索可以增强大家为愿景共同努力的决心，增强内在动力；

③流程相对简单，不需要烦琐的会议准备，也不需要外部专家的介入；

④能够化解问题和困难引发的消极情绪，在组织内形成合力，凝聚正能量；

⑤能够帮助组织快速行动，当组织面临复杂、快速变化的环境时，特别适用。

2. 未来探索的操作步骤

未来探索工作坊时间可长可短，从半天到三天都可以。其流程包括五个环节：回顾过去、分析现在、展望未来、形成共识和落实行动。每个阶段都可以镶嵌头脑风暴等方法。每个关键环节的问题，都需要根据特定的主题来设计。

①回顾过去：一般来说，在"回顾过去"环节，可以从个人的经历、组织的经历、重大的社会和全球性事件、学习与成长等方面进行。可考虑的问题有：有哪些成功或不成功的案例？关键因素有哪些？

②分析现在：有哪些特别成功或不成功的案例？关键因素有哪些？

③展望未来：我们期待怎样的未来？哪些要素影响着梦想的达成？

④形成共识：形成共同的愿景和达成愿景的系统化对策。

⑤落实行动：把对策变成具体可操作的行动计划。

在催化过程中，每个小组有几个关键角色需要提前确定下来，分别是：团队领导者、计时员、记录员、报告员。

请把所梦想的场景用图画描绘下来，也可以用简练的文字来描绘。对于未来的设想尽量具体，内容越具体，越能够让每个人感动，实现的可能性就越大。

3. 未来探索的应用场景

未来探索的应用场景主要有以下几种情况：形成共同愿景、强化内在动力、激发正能量、形成行动计划、确保执行力度等。当我们推动组织向前看，着眼于未来、着眼于共同的梦想时，组织中就会产生强烈的能量。

三十五、经典技术：开放空间

开放空间是一种引发热情与责任的集体研讨方法，是可以激发各类群体、机构产生颠覆式创新的方法，它可以充分调动人们的积极性，使人们在集体研讨中收获非凡的结果。

1. 开放空间的五大特点

开放空间有五大特点：

①开放空间是一种卓有成效的、动态的、开放和自由的会议模式。

②开放空间提倡参与者聚焦讨论其感兴趣的关键话题。

③开放空间给予参与者超乎想象的研讨空间，在很少的规则的辅助下，在没有边际和权位高低的"圆形"空间及没有时间约束的环境下，应用民主参与的方式，发挥团队的灵感创意，组建关键话题小组并制订行动计划。

④开放空间通过创造性流程，能够达成传统会议难以达到的目标：化解冲突，推动变革，形成共识，强化责任；共享智慧，分享信息；激发创新，联系行动。

⑤开放空间适用于即将没人知道讨论的主题的答案的情况，这些主题是真正的工作课题，参与者对其有兴趣、有热情；不适于答案已知的情况，或高层人士自认为知道答案，想掌控讨论大局的情况。

2. 开放空间的操作流程

开放空间的操作流程分为以下六步：

（1）第一步：开圆

催化师致欢迎辞，陈述开放空间主题，描述流程，讲解开放空间的规则，引导拟题并示范。

（2）第二步：发起主题

发起主题步骤又分为四个环节：

①收集主题。每个人都可以发起与大主题相关的业务、管理等主题，将其写在 A4 纸上。

②主题整理合并。催化师协助各小组对所有的问题进行归纳、合并及排序。

③澄清主题。由主题发起人进行背景说明，包括现状、目标、差距及衡量判断的标准等。

④主题发起人进行职责说明，制作主题海报，召集讨论，挖掘参与者智慧，记录整理讨论成果，使之结构化、形象化，便于进行成果汇报。

（3）第三步：走动讨论

主题发起后，参与者都跃跃欲试，催化师则需要进一步鼓励参与者积极参与讨论，贡献智慧。

（4）第四步：汇谈整合

主题发起人在汇谈过程中，对参与者进行有效的提问并完整记录其回答，选出较优的对策进行整理汇报。

开放空间形成的内容，可以通过简单的方式进行逻辑梳理，这可以让所有观点条理清晰，让参与者更有成就感。

（5）第五步：制订计划

进一步细化对策方案，制订行动计划，计划要符合 SMART 原则。

（6）第六步：闭圆

请主题发起人分享心得，最后每个参与者用一句话进行总结。

三十六、经典技术：鱼缸会议

鱼缸会议是一种以组织会议的形式进行的促动技术，是运用团队力量，通过分享各自的观点和资讯，对"鱼"（部门或个体）进行诊断和反馈的过程。

通俗地讲，鱼缸会议就是不同的群体本着合作精神，一起分享各自的观点和资讯的会议形式。不同的个体或不同部门的人员在会议中碰头，对个人或各部门进行诊断。被诊断的个人或部门自始至终都只要聆听，不须辩解，只记录其他人或部门给予的反馈与质疑。由于被诊断的人或部门像鱼缸中供人观赏的金鱼一样，所以这种会议形式被称为"鱼缸会议"。

1. 鱼缸会议的适用情境

用在部门：帮助部门看清自己的行为对系统、对其他部门的影响；打通部门与部门之间的隔阂，使得公司内部的信息能自由地流动，部门之间、同事之间的沟通更加高效。

用在个人：帮助个人增进提升自我认知能力，了解自己的长处和短处，了解别人眼中的自己到底是怎样的，促进自我反思。

2. 鱼缸会议的作用

鱼缸会议有如下作用：
①打破小组成员的习惯性防卫心理与组织惯性；
②加深个人或各部门对自身的了解，促进自我反思；
③深入分析问题，发现问题的根本原因。

3. 鱼缸会议的使用规则

使用鱼缸会议时要遵循以下规则：

①集中目标，不盲目追求质疑与建议的数量。

②鼓励巧妙地利用和改善他人的设想，这是引起反思的关键所在。每个参与者都要在他人的建议与质疑中激发自己。

③参与者一律平等，各种建议与质疑将被全部记录下来。

④主张独立思考，不允许私下交谈，以免干扰别人的思维，不能针对个人发表含人身攻击的内容。

⑤不强调个人绩效，应以组织的整体利益为重，注意和理解别人的贡献，在会场中创造民主环境。

4. 鱼缸会议的操作步骤

（1）角色定位

①确定接受反馈者（鱼）；

②选取记录员；

③所有人围成半圈。

（2）确定反馈方向

由"鱼"来确定要反馈的方向，描述其目标（如未来五年的生活职业目标）。

（3）自评

由"鱼"对达成目标的能力现状做出评估，说明自身已具备和欠缺的能力。

（4）他人反馈

他人说明对该目标的看法、要求标准、期望。可以每人三分钟，反馈三个优点、三个改进点。建议使用观点和举例的形式。

（5）整理反馈

①将反馈结构化、分类整理；

②如选出五个优点和五个改进点；

③感谢所有反馈者分享参与体会。

（6）制订改进计划

针对选出的关键改进点，制订相关的改进及监督计划。

5. 鱼缸会议的应用小技巧

鱼缸会议的规则需要全体参与者共同遵守，催化师在过程中可以进行相应的提醒及纠正。

在倾听过程中可设置记录员一名，或由催化师担任记录员。记录时用黑、蓝、红、绿四色笔记录，黑色笔进行第一次记录，蓝色笔进行归类，红色笔画出重点，绿色笔写标准及看法。

三十七、经典技术：复盘

复盘源于古老的东方思维，它不仅仅是一种思考和管理的工具，更是一种文化。这个词源自棋类术语，也称"复局"，指对局完毕后，复演该盘棋的记录，以检查对局中招法的优劣与得失关键。

商业模式和个人管理的复盘,与棋术的复盘有异曲同工之妙,但心态和眼界却各有不同。前者摒弃了个人主义,去个人化,去中心化,解剖所有与其相关联的环节,去回忆、分析、解释、阐述,最终得到一个更好的解决方案。

1. 复盘的四环节[①]

复盘包括四个环节:

(1) 回顾目标
回顾当初的目的或期望的结果是什么。

(2) 评估结果
对照原来设定的目标,找出这个过程中的亮点和不足。

(3) 分析原因
分析事情成功的关键原因和失败的根本原因,包括主、客观两方面。

(4) 总结经验
值得总结的内容包括体会、体验、反思、规律,以及行动计划:需要实施哪些新举措,需要继续哪些措施,需要叫停哪些项目,等等。

2. 复盘的八步骤

复盘的操作分为八步:

---

① 陈中著,《复盘:对过去的事情做思维演练》,机械工业出版社,2013年。有改动。

(1) 回顾目标

回顾复盘事件的目标,让参与复盘的人心中有数,知道自己要讨论什么,评判标准是什么。回顾目标时,要将目标清晰明确地写出来,可以写在白板上,可以投影在屏幕上,以防止大家中途偏离目标。

(2) 对比目标和结果

目标是希望达成的,结果是实际做到的,将二者进行对比,找到实际结果和希望目标之间的差别。结果与目标的对比,有五种可能产生的情况:

①结果和目标一致,完成情况达到了所设定的目标。

②结果超越目标,完成情况比设定的目标要好。

③结果不如目标,完成情况比设定的目标要差。

④结果中出现了目标中没有的项目,这个项目是在做事的过程中新加进来的。

⑤目标中有的项目,在结果中没有完成。这也可以视为结果不如目标,但这种结果与目标的差距是根本没有行动造成的,与行动了却没有达到期望值还不一样,所以单列。

对比目标和结果的目的不是为了发现差距,而是为了发现问题。关注重点不是差距有多大,而是出现差距的地方。试着提出疑问:为什么会有这样的差距?对比的结果也该像"回顾目标"那样展现出来,让参与者随时可见。

(3) 叙述过程

叙述过程的目的是让所有人都知道事件的过程和细节,拥有共享的知识,这样大家才有共同讨论的基础,不把时间浪费在信息层面上。

(4) 自我剖析

自我剖析,就是对自己做过的事情进行反思和分析,看看有哪些问题、有哪些成绩,并试着去找出原因,发现规律。自我剖析是一个自我成长的机会,它能让你自己先给自己打个预防针,这样后面别人给你"扎针"的时候,你就有了准备,也能够对比。

自我剖析的时候要客观,要能够对自己不留情面。进行这一步的时候,根据"对比目标和结果"部分的结果,进行进一步思考,以明确在结果中,有多少是自己努力带来的,有多少是外在环境造成的,然后再分析在这两方面因素中,哪些是自己可控的,哪些是不可控的,以此衡量自己是否做到了最好。

可控的:是否尽量做到了最好?是否至少不低于计划的目标?

半可控的:是否做好了自己可掌控的部分?是否为别人完成的部分留出了空间?是否为别人完成工作提供了尽可能的帮助?

不可控的:是否提前跟别人沟通?有没有督促?有没有随时了解事情进展?是否可能部分参与支持?

经过这样的自我剖析,我们对两个方面有了基本认识:对可控的部分,自己没有尽力的事情是哪些?对不可控的部分,自己出过力的地方是什么?无法着力的是什么?

(5) 众人设问

众人设问可以让复盘突破事件本身的局限,突破个人见识的局限。设问要多探索可能性,考察每一种可能性的条件及其边界。

(6) 总结规律

总结规律是复盘最重要的内容,上面所有的步骤都是为了得出一般性的规律,形成符合真相的认识。总结规律得出的结论是否正确,最好的检验工具当然是实践,但是,一旦进入实践阶段,则说明复盘工作已经结束,它就不是复盘当时能确定的了。所以复盘得出的结论是否可靠,必须在复盘的当时做出判断。

(7)案例佐证

除了从因果关系上去验证规律外,为了验证规律的可信度,还应该用其他案例进行佐证。这是从规律的适用性出发的一次实验。案例佐证面临着案例选择的问题:所选的案例应该是同类型的、同行业的,不能选取跟所复盘的事件无关的案例。

(8)复盘归档

复盘得出的结论,应该来说具有较高的可信度,这个时候,它们就是得到了认可和值得传播的观念和规律。下一步就有必要对本次复盘进行归档,这其实也是一种知识管理。归档将复盘得到的认识知识化,更加方便传播和查阅,让没有参与复盘的人也能掌握复盘得出的规律和观念,让新人可以在自己的工作中进行学习和参考,少走弯路。

以上八个步骤组成了最完善的复盘流程,在具体复盘时,并不需要严格执行所有步骤,可以根据情况灵活应用。

第四章

行动学习项目实践应用

1998年开始,中组部培训中心开始把行动学习法引入我国政府组织内部,进行积极探索与研究,并依托国际合作项目,将国内研究与国外学习相互结合,在甘肃、青海、内蒙古、四川及广西等地推广实践行动学习,解决生态旅游开发、环境保护及区域经济协调发展等一系列难题,对当地经济发展、社会建设及体制改革起到了有效的带动作用。

2007年,中德合作广西行动学习项目第一期作为政府间合作子项目,被纳入《中华人民共和国政府和德意志联邦共和国政府关于科学技术合作协定》。此次合作要求广西每年选取一个对本地经济社会发展影响重大的现实问题,应用行动学习法,组织一批在职干部通过考察借鉴国外的经验,接受国际专家的指导,对问题提出解决方案,最终的方案将上升为处理相关问题的制度规范和工作成果。本次合作通过这样一种边培训学习边行动实践的行动学习方法,培养了高素质的领导干部和业务骨干,扩大了对外开放与合作交流,为广西的经济发展积累了人才资源。第一期行动学习项目主要围绕"广西职业教育发展""区域合作下的广西物流业发展""广西中小企业发展"三个专题来开展。

2010年,第二期中德合作广西行动学习项目启动,项目主要在广西市、县两级大力推广行动学习,每年确定部分设区市和县(市、区)作为行动学习重点推广对象。2010年,中德合作广西行动学习第二期第一批项目在柳州市、贵港市、贺州市及南宁市宾阳县、玉林市玉州区等五个地区开展。2012年,广西行动学习项目第二期第二批项目的实施单位包括桂林市、防城港市、崇左市等九个地区。至此,行动学习在广西实现了全自治区推广。

2018年年底,为了推动行动学习在广西深入实施,提升广西行动学习的理论研究水平和实践应用成效,广西行动学习研究会在百色干部学院成立并举办"新时代·行动学习创新发展"专题研讨会,广西有关开展行动学习的单位在研讨会上进行了主旨交流发言。本章摘选了研讨会上梧州市六堡茶产业转型升级研究行动学习项目小组的《行动学习推动梧州市六堡茶产业转型升级》、广西交通投资集团钦州高速公路运营有限公司的《推广应用行动学习,助推企业高质量发展》作为企业项目应用案例;还选用了行动学习前几期实施的项目——广西崇左市龙州县的《行动学习是抓班子带队伍促发展的有效载体》作为政府课题应用案例。百色干部学院作为广西行动学习研究会的主管部门,把行动学习纳入其主要课程,本章采用百色干部学院于2019年12月在广西行动学习工作座谈会上的汇报发言作为干部教育应用案例,题目《百色干部学院以行动学习促进干部教育培训高质量发展》为本书作者所加。

需要指出的是,本章所说的案例,是指对这些单位运用行动学习的经验总结,并非针对其对行动学习的运用环节所做的具体剖析。以上三种类型和案例,大体反映了前几阶段广西开展行动学习的阶段性经验做法,供读者学习交流和借鉴。

一、企业项目应用:行动学习推动梧州市六堡茶产业转型升级[①]

1. 项目背景

六堡茶是中国历史名茶。作为著名的"侨销茶",六堡茶从清朝以

---

① 梧州市六堡茶产业转型升级研究行动学习项目小组提供。有改动。

来就通过"茶船古道"形式，出口到南洋和世界各地，在广西梧州市乃至广西对外交流联谊中充分发挥了文化纽带作用。习近平总书记在给首届中国国际茶叶博览会的贺信中提到，"从古代丝绸之路、茶马古道、茶船古道，到今天丝绸之路经济带、21世纪海上丝绸之路，茶穿越历史、跨越国界，深受世界各国人民喜爱"，首次将"茶马古道""茶船古道"与"一带一路"并提，确定了"茶船古道"与"一带一路"的历史地位关系。

广西提出打造千亿元茶产业的工作部署，梧州市对六堡茶产业的发展十分重视，成立了专职机构（市茶产业发展办公室），出台了一系列政策措施，推动六堡茶产业迅速发展壮大，使当地成为全国最大的六堡茶生产、加工、出口基地。但客观地讲，一直以来，六堡茶产业作为梧州特色农业产业，还基本停留在第一、第二产业层面，品牌附加值低。为充分发挥六堡茶产业在脱贫攻坚、乡村振兴战略中的辐射带动作用，亟须推动其转型升级，实现跨越发展。2016年10月至2017年11月，梧州市按照"立足实际，科学选题；组建团队，强化组织；深入调研，找准问题；解决问题，总结提升"的总体思路，用行动学习方法积极推动梧州市六堡茶产业转型升级，通过项目实施，促进了六堡茶产业健康发展，同时在干部培养方面进行了有益探索。

2. 实施步骤

（1）立足实际，科学选题

梧州市经广泛征求意见，并综合研究分析，选定六堡茶产业发展作为行动学习项目，力求将六堡茶产业打造成梧州市对外发展的新名片。2016年10月，市委组织部召集市茶产业办、市农委、市旅游发展委、苍梧县委、梧州学院、梧州职业学院等单位相关负责同志或业务骨干开展了集中研讨。大家一致认为，六堡茶产业的传统发展模式已经不能满足其健康持续发展的需要，亟须探索新的发展思路。会上拟定了"梧州市六堡茶产业转型升级研究"的题目。

（2）组建团队，强化组织

由梧州市委副书记任项目总负责人，市委组织部统筹协调组建团队，按照分层次（市领导、部门领导及业务骨干三个层面）和相关联（要与六堡茶产业发展有关联）的原则，落实团队成员。包括选题阶段的市委组织部、市茶产业办、市农委、市旅游发展委、苍梧县委、梧州学院、梧州职业学院的相关人员，又增加了市政府办公室、市委宣传部等一些单位的负责人或业务骨干，组成梧州市六堡茶产业转型升级研究行动学习项目小组（以下简称"项目小组"）。

2016年11月4日，项目小组集中学习了自治区党委组织部有关文件要求和行动学习相关知识，以及全市六堡茶产业发展情况，团队成员围绕"梧州市六堡茶产业转型升级研究"行动学习项目的研究方向、研究内容、目标任务和成员分工等内容进行研讨。经过梳理，初步确定了"六堡茶产业产融结合问题研究""六堡茶产业推动农村三产融合发展问题研究""六堡茶产业发展引才用才问题研究"等三个项目的子课题。之后，项目小组围绕项目内容，邀请三位相关市领导加入团队，分别担任三个子课题的召集人，部门领导作为小组长，其他干部作为项目小组成员。

在集中学习研讨的基础上，项目小组起草了《关于推进行动学习项目"梧州市六堡茶产业转型升级研究"的实施方案》，确定了行动学习项目牵头实施单位、具体协调单位及各成员单位名单，并提出可以根据项目推进需要适当增加相关单位。同时，明确了项目各阶段的时间节点，规定了各子课题的成员由召集人、组长、核心学员、联络员和促进师等 8~10 人组成，制定了定期学习、经费管理、信息通报等制度，同时明确按照月均一次集中学习研讨的频率推动项目实施。

2016 年 12 月 21 日，梧州市召开了项目启动会暨项目小组成员第一次集中学习，由促进师对与会人员进行行动学习理念导入及团队学习工作的方法技巧进行培训，开始运用头脑风暴法和团队列名法研讨梧州市六堡茶产业发展现状及存在的问题。各成员表现出浓厚的兴趣，积极参与讨论。

（3）深入调研，找准问题

项目启动后，各子课题团队根据实施方案的步骤和时间节点要求，分别到苍梧县六堡镇产茶区、相关茶企、丽港茶街等地进行调研，面对面听取茶农、茶企负责人、消费群众对六堡茶产业发展存在的问题及意见建议。团队成员梧州市旅游发展委员会政务导游彭志创反映，"之前对客人介绍，讲的全是成绩，没发现还有这么多问题，通过调研走访，更全面客观地了解了六堡茶产业的发展情况"。团队成员积极参与调研，结合单位特点，提出建议，找准问题。2016 年 11 月和 2017 年 7 月，项目小组分别组织相关团队成员到四川雅安、湖南安化考察学习，交流经验。在调研、考察的同时，各子课题组围绕主题，学习先进，查找问题，并及时采用头脑风暴法、团队列名法对存在的问题开展了集体研讨。

经过调研和集体研讨，项目小组分别对三个子课题存在的问题进行梳理分析，进一步明晰具体问题。三个子课题共梳理出十七个主要问题，其中，"六堡茶产业产融结合问题研究"存在茶企经济规模及标准化管理水平整体不高、茶产业融资能力较差等六个主要问题,"六堡茶产业推动农村三产融合发展问题研究"存在品牌建设与茶文旅开发融合较差、基地建设滞后等七个主要问题,"六堡茶产业发展引才用才问题研究"则存在茶叶科技成果应用水平不高、科研领域和营销环节缺乏领军人物等四个主要问题。

(4)解决问题,总结提升

促进问题解决是体现行动学习成果的重要环节。为此,项目小组采用分步推进、逐级解决的办法,将主要精力集中在前期调研上,力争掌握翔实的情况,为领导提供决策参考,积极争取更高层次的支持,进而推动问题解决。

比如,2017年1月至2月,项目小组在调研的过程中,发现茶企、茶农对市委、市政府发展六堡茶产业的决策部署不太熟悉,积极性不高的现象。大家在集中研讨时,为破解此问题,提出了应该从政府层面出台完善的相关政策,为产业发展提供保障的想法。经了解,早在2009年市委、市政府就出台了《关于加快六堡茶产业化发展的决定》,但茶企反映该文件属于指导性文件,操作性不强,特别是缺乏激励性政策。项目小组结合当前工作特点,推动出台了《关于促进六堡茶产业发展的实施方案》,增强了政策的操作性和针对性。同时,为增强企业和茶农发展信心,大家认为,应该召开一个统一思想、工作动员部署的会议。在项目小组的推动下,2017年3月,梧州市召开六堡茶产业发展大会,市政府主要领导出席会议。会议筹备阶段,市领导听取了项目团队学习成果并作指导性讲话,肯定了项目小组提出的破解难题的办法,鼓励加大力度继续推进项目实施。

针对"六堡茶产业融资能力较差"的问题,从2017年4月开始,项目小组多次分别组织部分茶企及相关金融机构负责人,针对如何解决梧州市六堡茶企业在发展过程中遇到的融资难,进行问题收集型座谈研讨,利用头脑风暴法、团队列名法等方法开展研讨,并结合现有的融资政策和六堡茶产业发展情况提出意见建议。经过研讨,茶企茶农的关注点主要是茶叶抵押价格低廉、茶园由于土地证的问题无法直接融资、茶叶抵押周转周期不灵活等问题,金融机构则主要关注缺乏第三方评估、尚无公共茶仓、监管交易不畅等问题。在充分研讨,得出初步共识后,项目小组组长向市政府领导汇报并推动召集金融部门、重点茶企共同研讨六堡茶产业融资工作。在该研讨环节,项目小组调整了部分核心学员,增加了市金融办、市相关金融机构、部分茶企负责人,以进一步提高研讨的质量和解决问题的针对性。本次研讨主要针对项目小组前期研讨分析确定的问题,邀请金融机构结合各自业务特点进一步研讨,并给予指导性意见建议。如根据金融机构农村信用社的指导意见,由镇政府协调茶农、项目小组协调茶企,通过签署三方协议的方式,解决了茶园土地权属和茶园权属不一致的问题。苍梧县农村信用社也及时把握机会推出"茶农贷",真正解决了茶园融资难的问题。经过研讨分析,动员部署,其他金融机构也针对六堡茶产业特点,提高信贷水平。据中国人民银行梧州市中心支行统计,全市六堡茶贷款额4.6亿元,同比增长30.18%。

针对"营销手段、方式不够新"的问题,项目小组成员采取群策群力五步法,积极澄清问题、分析原因、找出方案,策划了"六堡茶"公共品牌形象logo及广告语征集、"茶船古道·新丝路"六堡茶行销全球、六堡茶进全国和全区"两会"、全民饮茶日、为返乡民工送茶、拍摄宣传纪录片等系列活动;还在第14届中国—东盟博览会上举办"'一带一路'倡议下的'茶船古道'——六堡茶产业发展新动能高峰论坛",

成功争取并举办了2018年北京"两展一会",与京东集团签订《梧州六堡茶战略合作框架协议》,创新梧州六堡茶"茶船古道"互联网营销新模式,有效提升了六堡茶的国际影响力,扩大了梧州六堡茶的知名度和美誉度。

针对"专业技术人才不足"的问题,项目小组成员积极寻求专家指点,邀请科技、质监、人社等部门的有关负责同志参与项目研讨,追寻问题的根源,建议采取"引智""育智""共智"相结合的办法为六堡茶产业创新发展提供人才支撑。2017年6月,由市委人才工作领导小组负责,采取合同聘用、柔性引进、项目合作等灵活方式引进高层次专业人才三名;通过整合资源,顺利推动梧州学院成功申办茶学专业,从2017年开始培养茶叶种植、制作、销售和茶艺方面的专业人才;由梧州市六堡茶研究院牵头,首批联合十三家企事业单位,成立六堡茶产业技术创新战略联盟;2017年9月,在浙江大学举办了"六堡茶产业转型升级专题培训班",利用国内高等院校的优质培训资源,借鉴浙江省发达地区茶产业的成功经验和先进做法,拓宽视野,更新理念,不断提高梧州市领导干部、企业家推动六堡茶产业发展的能力,进一步加快梧州市六堡茶产业转型升级的步伐;引智借脑,2017年5月,与浙江大学CARD中国农业品牌研究中心合作,共同高起点科学制定《六堡茶品牌发展规划》;举办2017年梧州市六堡茶茶艺师技能大赛,选拔优秀茶艺人才,形成了"资源共享、人才互补"的干事创业良好氛围。

3. 项目实施经验成效和收获体会

(1)破解工学矛盾突出难题,将集中学习带到产业一线

行动学习项目参与的单位多,核心成员都是部门领导或单位业务骨干，定期集中调研和研讨在组织上存在一定困难，影响了项目实施的进度。为此，项目小组探索在团队集中学习的组织方面进行改善，将集中学习地点由会议室更多地向培训基地、产业一线转移。比如，在组织部门支持下，在浙江大学举办"六堡茶产业转型升级专题研讨班"，穿插安排了四场研讨，及时根据学习内容，围绕项目课题，以组织调训的形式，增加团队研讨时间，使核心学员的智慧、经验得到有效释放。又如，把集体研讨的地点搬到产业一线，利用"一线工作法"推动问题得以解决。

（2）破解牵头单位协调难问题，完善项目成员追加协调机制

研讨阶段和解决问题阶段，会涉及较多部门，项目组长协调其他单位，特别是财政、工信等临时需要加入的单位参与集中研讨学习较为困难。为解决这一问题，项目小组在行动学习方案上增加了弹性选调学员的机制保障，通过组织部门协调需临时加入的相关单位，增加研讨学员，增强研讨质量，促进研讨工作顺利实施。个别子课题还根据工作需要调整了促进师。

在团队调研和集体研讨中，探索引入观察员角色，对团队成员的学习态度、工作能力、综合素养、遵规守纪等情况进行近距离观察，并将观察到的情况及时向各项目小组组长和市委组织部相关科室反馈，并将这些情况作为干部信息大数据库的重要数据。观察员的引入，一方面强化了研讨工作的组织性，另一方面也激发了研讨学员参与的积极性。

（3）破解领导干部运用行动学习方法自觉性不强的问题，做好民主集中制的教育融合

由于行动学习理论和方法的推广、覆盖还不够，受岗位人员变动及行政议事规则的影响，部分干部用行动学习的方法参加集中研讨的氛围还不够浓厚，主动创新思维推动问题解决的办法还不多，也有部分单位领导干部仍然习惯"一言堂"，或是内心抵触研讨和沟通。

梧州市结合学习习近平总书记在广西的视察讲话精神，通过在干部任职培训、党委（党组）中心组学习中重点加强对民主集中制的学习，要求各级单位提高领导班子协同力，形成既激发个人才智又依靠集体智慧、既信任鼓励又批评监督、既包容失误又及时纠错、既团结协作又不违原则的良好政治生态，推动领导干部熟悉、掌握行动学习理念。同时，通过行动学习项目的实施，也进一步促进了集体领导制和民主集中制在组织内部的落实，真正做到了在"反馈＋反思＋共享"中研讨解决实际问题、提高落实能力，做到了工作在行动中开展，决策在行动中落实，问题在行动中解决，创新在行动中体现，成效在行动中检验，为六堡茶产业的健康持续发展，培育储备了一支思想政治水平高、专业化水平高、贯彻执行民主集中制水平高的干部队伍。

4. 存在的问题

（1）干部观察的严谨性有待加强

部分项目小组没有组织人事部门的干部参与观察，促进师缺乏组织人事工作经历，对干部团队学习中的表现评判的标准和尺度不一，评价结果的客观性和运用效果未达到理想状态。今后我们还要探索进一步加强对项目实施过程的监督和观察，完善相关制度机制。安排促进师、组织人事干部到相关单位挂职的方式，对团队成员的表现进行全方面的精准精确观察，将数据列入干部信息大数据库，作为干部选拔任用的重要参考信息。

（2）学习情况记录困难

集中学习是阶段性的，在如实记录团队成员的脱产学习上，没有相关的制度和参考标准。比如，历时一年的行动学习项目，在登记团队成员的参与经历、培训情况或培训学时方面，还没有可参考的标准。团队成员希望将参与行动学习项目的过程列入干部培训范畴，体现在干部任免审批表与年度考核登记表上，而这些需求目前还难以实现。

（3）项目实施时间过短

项目实施时间只有一年，时间过于短暂，而六堡茶产业的转型升级是一个系统工程，很多成果有待更进一步的挖掘、推进。课题结题后，我们还将继续巩固行动学习的方式方法，根据产业发展需要，进一步推动项目的实施。

二、企业项目应用：推广应用行动学习，助推企业高质量发展[①]

广西交通投资集团钦州高速公路运营有限公司（以下简称"钦州运营公司"）是广西交通投资集团（以下简称"交投集团"）下属全资子公司，行动学习在钦州运营公司具有深厚的历史渊源。2012年，钦州运营公司在筹备时就承接了交投集团"高速公路建管养一体化"的课题，并将课题付诸实践，形成可复制可推广的经验，助推"建管养扶贫一体化"的新课题形成。2013年，钦州运营公司刚刚运营不久，就开展了行动学习培训、运用。2016年，趁着公司"二次创业"的契机，行动学习在钦州运营公司的推广应用又迎来了春风，广大干部职工在行动中学

---

① 广西交通投资集团钦州高速公路运营有限公司供稿。有改动。

习，在学习中行动，自觉在工作中运用行动学习成为钦州运营公司的一大特色。钦州运营公司也在推广应用中发明了行动学习的新工具"海豚湾集体研讨法则"，探索了行动学习的"钦州模式"。

1. 推广应用行动学习项目的基本过程

行动学习项目是交投集团在成立之初因面临巨大挑战而寻得的一条良方，它助推交投集团实现了跨越式的可持续发展。钦州运营公司作为交投集团的下属企业，从接触到实施行动学习项目，经历了从了解到认同并积极参与、推广应用的过程。

（1）行动学习启动阶段

2012年，钦州运营公司在筹备阶段承接了交投集团"高速公路建管养一体化"的行动学习研究课题，揭开了推广应用行动学习项目的序幕。

本阶段主要有两项工作。

一是宣贯行动学习，凝聚思想共识。为了让公司干部职工深刻认识到行动学习项目是推动企业发展的强力引擎，钦州运营公司积极营造浓厚的学习氛围，认真组织专题学习培训，为干部职工细致讲授行动学习的起源发展、理论内涵及有关技能等内容，详细介绍行动学习项目在广西的实施情况及在国内著名企业运用的成功经验等，增强他们参与行动学习的积极性和主动性，为行动学习项目的开展打下良好的基础。

二是成立领导小组，强化组织领导。钦州运营公司高度重视行动学习项目的推行，成立了由公司负责人担任组长、其他班子成员担任副组长、各部门负责人为成员的行动学习项目领导小组，负责组织制订和实施行动学习项目的重点推进工作计划，进一步坚定了干部职工真抓实干、开展行动学习的决心和信心，使公司拥有了推动运营管理高质量发展战略落地的强大内驱力。

(2) 行动学习实施阶段

解决问题是行动学习的魅力所在，随着收费、养护、路产、安全、扶贫等业务板块的行动学习研究课题在钦州运营公司的全面铺开，意味着行动学习项目进入了实施阶段。

本阶段主要有三项工作。

一是确定主题，组建小组。从运营管理层面出发，结合公司实际，选择当期急需解决的重点难点问题作为行动学习的研究主题，进而根据主题需要，选择知识背景、专业技能、工作经验具有差异性和互补性的的人员组成行动学习小组，并明确成员的职责任务。

二是聚集问题，开展学习。坚持问题导向，以公司面临的实际问题为出发点，以团队行动为手段，采取小组研讨的形式，通过头脑风暴法、鱼骨图法、团队列名法对课题进行研讨分析，以提升集体决策技能，并提出解决问题的方案。

三是形成决策，付诸实施。行动学习小组对已有的经验进行质疑，通过问题分析和方案测试，在行动的基础上进行不断反思，形成富有创造性的决策方案，并收集相关信息，搜寻支撑要素，全力执行决策。

(3) 行动学习评估阶段

行动学习项目的成果必须通过行动的过程才能得到验证，并对组织产生实质影响，而行动学习小组成员也只有在行动的过程中才能加深对问题的反思，并基于问题的改善进行深度学习。

本阶段主要有两项工作。

一是回顾目标，拟定方案。行动学习项目实施推进会伴随着问题的解决,而问题解决的程度和结果就可以视作评估行动学习效能的重要指标,这就需要回顾行动学习项目确立的目标,通过物化成果评价、组织效益、个人能力等因素来拟定评估方案。

二是跟踪反馈,评估结果。行动学习项目能否发挥实效,关键在于从思维重塑阶段走向成果转化与运用阶段。这要求项目小组坚持"学中干、干中学"的理念,及时跟踪行动学习项目的实施情况,及时反馈并研究推行中遇到的新问题,不断完善解决方案,评估行动学习项目的实施效果。实践证明,行动学习不仅成为钦州运营公司的工作学习方法,更成为破解公司发展难题的一把利刃。

2. 推广应用行动学习的主要成效

在交投集团的支持和指导下,钦州运营公司以"行动学习·品质钦州"为主题和载体,持续应用行动学习项目,不断化解运营管理难题,积极打造学习型组织和高效管理团队,实现公司干部职工和组织双螺旋式提升,助推运营管理事业发展迈开新步伐。

(1) 突破发展瓶颈,组织变革显品质

钦州运营公司立足于企业发展战略,坚持组织变革导向,努力打造学习型、实干型组织,为公司发展保驾护航。

在班子建设上,班子成员通过亲自抓行动学习项目,将行动学习项目推广到服务区、停车区、收费站等基层一线,营造了"没大没小""脱下外套"等平等开放交流的民主氛围。领导班子成员完成了身份的转换、心智模式的转变,有效提高了勤奋学习、开拓创新、科学决策和依法办事的能力,班子建设得到了加强。

在组织创新上,创新企业管理新机制,全面推行"准三级"管理模

式,积极探索公司机构运行体系的顶层设计;创新站队管理新模式,成立站务管理委员会,改革基层站区管理模式,推动基层站区管理朝着民主化、法制化进程发展;创新党建机制,依托重点项目建立功能党小组和临时党支部,先后成立两个重点工程临时党支部、八个功能党小组,党建工作和中心工作得到了相融相促,公司各级组织整体能力得到了提升。

(2)突破业务难点,经营业绩显品质

钦州运营公司始终牢记交投集团"发展交通·服务社会"的企业使命,坚持业绩导向,积极推广应用行动学习这一有效工具,针对公司存在的工作难点,有效地破解了二十多个难题,实现了运营管理提质增效。

例如,自主研发集装箱智能拍照系统,成功解决收费站拥堵问题;探索实施预防性养护新举措,解决养护工程工期长、投入大的难题;助推钦州市中欧班列首发,彰显国企社会担当责任;积极开展税务筹划,持续推进企业降本增效等,为推动公司的可持续发展提供了有力支撑。

(3)突破管理局限,培养人才显品质

钦州运营公司致力于行动学习项目的核心要义,在干部教育培养上,坚持领导力导向,通过干部队伍的群策群力,达到改善团队管理的目的。在学习知识、分享经验、创造性研究解决问题和实际行动"四位一体"的行动学习中,打通了知与行的回路,形成教、学、做合一的闭环,推动了各类管理骨干成长成才,逐步健全了公司人才管理梯队。此举不仅有效弥补了个人知识盲点和阅历经验的不足,还提高了他们分析问题、解决问题的能力,让员工的心智模式发生了积极转变,个人素质获得了提升。2013年至2018年，公司共有46名员工晋升管理岗位，23名员工晋升股级干部，12名员工晋升公司中层干部，这正是贯彻落实交投集团"人才培养重品质"的有效体现。

（4）突破思维障碍，战略执行显品质

钦州运营公司始终坚持以员工为主体，确立了以责任为导向的战略管理模式，以解决实际问题需求为出发点，以提升员工的思维力、创造力为目标，进一步理清企业的发展思路，重点抓好工作执行，争当集团改革创新先行先试示范区、运营管理文化特色区、集团业务管控先行区、信息化转型升级典范、精美特新中小公司典范。仅在2018年，公司就获得国家级荣誉21项、自治区级荣誉3项、市级荣誉16项，有力彰显了行动学习项目的硕果品质。

3. 推广应用行动学习项目的主要经验

在行动学习的推广应用过程中，钦州运营公司依托行动学习的工具方法运用，聚焦高速公路运营管理的实际问题，以提升干部职工综合素质和解决实际工作问题为主要目的，通过对具体工作的把脉、问诊、施策，解决了公司的实际问题。同时，针对行动学习的推广应用，钦州运营公司注重边实践边总结、边探索边完善，创新了行动学习的新工具"海豚湾集体研讨法则"，探索了行动学习的"钦州模式"，即一个理念（学以致用，知行合一），四个原则（坚持、务实、创新、人文），一个法则（海豚湾集体研讨法则）。

（1）一个理念：学以致用，知行合一

紧密结合公司实际、部门实际、行业实际，带着政治责任学，带着岗位需求学、带着具体问题学、坚持干中学、学中干，做到学用结合、学用相长，紧紧围绕交投集团的工作部署和要求，把学习成效转化为精准发力、破解难题的科学思维方法和工作方法，转化为开拓创新、攻坚克难的能力和本领，转化为履职尽责、做好工作的实际行动和具体成效。

（2）四个原则：**坚持、务实、创新、人文**

①坚持：领导坚持在推、团队坚持在用、培训坚持在搞。

领导坚持在推：公司领导高度重视行动学习，一直坚持在各个工作领域推广应用行动学习，亲自安排、部署行动学习相关工作。

团队坚持在用：公司、部门、分公司、站队等，自上而下，在各项工作中自觉运营行动学习。

培训坚持在搞：把行动学习的培训纳入公司年度培训计划，每年针对不同的人群做宣贯式、特色式的针对性培训。

②务实：对行动学习的推广应用，脚踏实地、认认真真去做，不蜻蜓点水，不走马观花，不好高骛远。

③创新：工具创新、理念创新、机制创新、运用创新。

工具创新上，创造了"学习承诺"，增强行动学习的仪式感和连贯性。

理念创新上，根据公司的实际运用效果，对行动学习的理念做了补充。

机制创新上，建立课题、催化师、学员、小组等管理办法，从机制上保障行动学习成效。

运用创新上，精简了行动学习若干工具和方法的使用步骤或形式。

④人文：尊重员工、关心员工、爱护员工。

尊重员工：在平等民主的氛围中，员工意见建议得到重视、认可、尊重。

关心员工：注重员工成长成才的培养，在培养方式、培养机制等方面做了完善。

爱护员工：在员工教育培训中引入行动学习，通过团队化学习，开展调查研究、学习研讨、行动实践、总结反思，精准提升教育培训效果，进而提升员工的综合能力。

（3）一个法则：海豚湾集体研讨法则

钦州运营公司综合头脑风暴法、鱼骨图法等行动学习方法，根据实际运用成效，创新提出"海豚湾集体研讨法则"，作为公司行动学习的一种新方法并加以推广应用。"海豚湾集体研讨法则"包括几个步骤：学习承诺、收集观点、寻找原因、找到对策、实施推进。

4. 推广应用行动学习的下一步工作设想

（1）应用于人才队伍建设，保企业高质量发展

通过行动学习，探索正面激励、容错纠错、关心关爱干部人才的相关制度，完善干部能上能下管理制度和绩效考核制度，把干部职工心理、健康教育纳入培训计划，把更多优秀人才吸收到"海豚湾"后备人才库。持续运用好"海豚湾"人才培养基地创新组织开展干部职工培训工作，打造一支敢干、能干、会干的人才队伍。

（2）应用于党的建设工作，促党组织标准化规范化提升

加快行动学习融入国有企业党的建设，把抽象的党建工作规定转化为简明具体的"使用说明"，明确党建工作谁来抓、抓什么、怎么抓，

解决基层党建深不下去、实不起来、落不到底的问题。在责任担当、党务水平提高以及支部作用发挥等方面提升履职尽责心智模式，紧密地将党的建设工作与中心业务工作连接起来，破除"两张皮"问题。在原有的难题上攻坚，在既有的成果上突破，实现队伍素质、经营效益和企业品牌提升。

（3）积极推广行动学习，扩大品牌影响力

发挥好行动学习推广应用基地作用，利用好基层党建互助协作区，在协作区内部推广行动学习，探索立项一批具有典型意义的品质党建课题，丰富基层党建工作理论水平。利用新交投平台，在兄弟单位间推广行动学习，主动为推进企业高质量提供探讨决策新模式，努力壮大行动学习应用队伍，丰富行动学习实践经验。利用"互联网+"，做好新媒体形势下的行动学习品牌打造和推广，通过微视频、微电影形式，将行动学习物化成果制作成系列作品，讲好"交投行动学习"好故事，吸引更多行动学习爱好者、实践者、受益者参与进来。

三、政府课题应用：行动学习是抓班子、带队伍、促发展的有效载体[①]

崇左市龙州县辖12个乡镇，总人口27万余人。2016年年底，全县共有19个党（工）委，139个党总支部，1088个党支部，党员总数12728名，其中农村党员6052名。全县在职在编干部共有4878人，其中公务员（含参公）1642人（处级39人、正科级400人、副科级503人、

---

① 崇左市龙州县委组织部供稿。有改动。

科员 700 人)，事业单位干部 3236 人，在职村"两委"干部 890 人。

2012 年，龙州县被列为中德合作广西行动学习项目第二期第二批实施单位。项目实施后，龙州县坚持把行动学习作为抓班子带队伍促发展的有效载体，把行动学习贯穿于县委工作决策、部署、推进、落实全过程，着力破解制约经济社会发展的瓶颈问题，带来了工作方式、领导方式、作风建设的创新，有力促进了全县科学发展、和谐发展、跨越发展。据统计，自 2012 年至 2016 年 10 月，全县共实施行动学习总课题 4 个、分课题 62 个，下设子课题 105 个，课题涉及核心学员 1116 人，带动参与学员 8200 多人。

1. 加强组织领导，健全"322"行动学习保障机制

从 2012 年项目实施以来，龙州县大胆实践，探索出了一套行之有效、具有龙州特色的"322"行动学习保障机制，使行动学习可持续开展，成为推动龙州跨越发展的永续动力源。"322"行动学习保障机制的具体内容如下：

(1) 完善顶层设计、交流互动、宣传引导三项行动学习保障制度

2012 年 8 月，龙州县成立以县委书记为组长的行动学习领导小组，制定《龙州县中德合作广西行动学习项目方案》，组建小组和项目执行办公室，成立课题学习团队，确保了活动深入开展。县委班子始终坚持走在前、做表率，带动全县各单位各部门，以党、政主要领导每周的例会为载体，扎实开展行动学习，确保县委各项重大决策部署落实到位，取得实效。同时，注重对内、对外宣传引导，使广大干部职工及社会充分认识和了解行动学习的重要作用、目的意义、指导思想及措施方法，为行动学习的顺利推进营造了良好的舆论氛围。

（2）构建"县/乡/村"三级纵向组织和县十大组工作团队横向组织两个行动学习网络体系

一方面，分别组建县级行动学习小组、县直单位行动学习小组和乡镇行动学习小组，在崇左市率先将行动学习向全县 12 个乡镇和 26 个县直试点单位推广，2014 年在全县范围内全面铺开。在具体工作中，龙州县将行动学习理念和方法运用到村级组织"三会一课"中，推动行动学习运用从县到乡再到村一级会议的实质性转变。如八角乡创新推出"八角一周谈"活动，要求全乡 9 个行动学习小组每周开展一次行动学习；上降乡以"我为上降发展谋出路"为主题，组建 8 个行动学习项目推进小组，深入各村进行研讨、征求发展点子，得到村委积极响应。另一方面，打破层级、岗位界限，以口岸、公交、农业、城建、文化旅游、项目招商等县十大工作组为基础，组建 10 个学习小组，并出台《龙州县十大工作组工作责任制》，推进各项重点工作进行专题研讨。

（3）强化理论培训和专题培训两大行动学习培训

采取派出学习、导入培训、内部培训、专家指导等方式，举办行动学习促进师培训班 6 期，培养骨干学员 318 名；举办引进人才、科级领导干部主体培训班 35 期，累计培训干部 7250 人次；围绕边境贸易、扶贫开发、特色农业、工业产业和文化旅游等课题，举办"夜学十八大"和"学用政策、加快发展"专题讲座 20 场次，培训干部 11200 人次。通过各级各类学习培训，培养和造就了一支素质优良、信念坚定、堪当重任的优秀党员干部队伍。

2. 坚持以行动学习为载体，抓班子带队伍促发展

2012 年行动学习引入龙州后，县委坚持把行动学习作为抓班子、带

队伍、促发展的有效载体,把行动学习贯穿于工作决策、部署、推进、落实全过程,通过行动学习把全县发展战略思想具体落实到各级领导班子及干部队伍,不断提升干部执行力,破解全县在经济社会发展中遇到的运行机制落后、解决方式单一、抓落实能力不强等现实问题,打造了一支善于发现问题、解决问题和善于抓落实的领导班子与干部队伍。通过一系列的措施,县四家班子领导、乡镇及县直部门领导、村(社区)"两委"、专业技术人才和企业家"四支队伍"的凝聚力、战斗力显著增强,有力推动了县域经济社会健康、持续、快速发展。

(1)行动学习有力促进了县域经济社会发展战略新突破

实施行动学习,科学选定项目是关键。龙州县在实施行动学习过程中,按照"重要性、紧迫性、综合性、可行性"的原则,着眼于解决全县科学发展中的战略问题选择项目课题,推动行动学习与中心工作深度融合。

"十二五"期间,龙州县结合实际,提出了实施"富民兴边、贸工强县"战略,全力打造"东盟商务港、产业桥头堡、边贸新一极",建设陆路东盟商务口岸工业文化旅游名城。进入"十三五"时期,面对新形势、新任务、新要求,龙州县组织县四家班子领导、各乡镇及县直各部门,采取行动学习法,对县域经济的中长期发展战略进行深入研讨,并在广泛征求意见建议的基础上,确立了强力落实"富民兴边、生态立县、贸工强县、旅游旺县、文化兴县"五大定位,全力打造"东盟商务港、产业桥头堡、生态长寿乡、世界遗产地、富裕新边城"五大目标。龙州县发展战略实现了从"兴边富民、工贸强县"到"富民兴边、贸工强县",再到落实"双五"目标定位,全面建成口岸经济大县、特色旅游名县的重大转变。

龙州县组织实施"落实'双五'目标定位，坚决打赢脱贫摘帽攻坚战，全面建成口岸经济大县、特色旅游名县，实现与全国全区同步全面建成小康社会"研究总课题，下设分课题和子课题，带动全县党员干部参与行动学习，初步形成了做好口岸经济、文化旅游"两篇大文章"，打好全面脱贫、产业转型升级、基础设施建设、新型城镇化"四大攻坚战"等九个专项领导小组的三年行动计划。

（2）行动学习有力促进了领导班子建设

强化班子建设、增强班子团结、凝聚团队力量，是龙州县行动学习重点抓好的环节，也是推动问题解决的重要措施。龙州县组建了"行动学习促党建"工作组，把行动学习融入"三严三实""两学一做"学习教育，全面加强各级各部门领导班子建设，切实发挥了领导班子在推进工作中的"领头羊""主心轴"作用。

①拓宽了思想政治建设渠道。

龙州县把行动学习贯穿于各级领导班子思想政治建设全过程，促进领导班子向学习型与落实型"双型"转型升级。在集体学习和工作实践中，各单位各部门领导班子使用头脑风暴等行之有效的办法，研讨解决具体问题，营造了互相尊重、彼此包容、共同促进的良好合作氛围，真正做到了在"反思—行动—反思—行动（共享）"中研讨解决实际问题、提升落实能力，做到了工作在行动中开展，决策在行动中落实，问题在行动中解决，创新在行动中体现，成效在行动中检验，实现了领导班子成员向团队学习、分工落实向团队执行的转型升级。

②完善了研讨决策制度。

按照行动学习倡导的"没大没小，没上没下"理念，龙州县各级各部门坚持行动学习"从做中学""反思中学"及"在学习中学会学习"

的有机结合，严格执行民主集中制，推进谈心谈话常态化、人性化；进一步健全和完善了县委全委会、常委会和政府常务会议议事规则、决策程序，制定了常委会集体学习制度、常委会成员基层工作联系制度、全委会决策表决制度等，促进了领导班子团结协作、民主议事、科学决策，提升了领导班子的凝聚力。

③催生了每周党政学习会。

为创造和谐的党政关系，龙州县创新实施《龙州党政工作协调每周例会制度》。每周一上午，由县委书记主持召开县委、县政府主要领导碰头会，总结上一周工作情况，分析研究存在问题和解决办法，协调部署当周重大事项和工作要点，明确任务目标和完成时限，并定期通报县委、县政府班子成员一周工作简况，以上率下，带动县直各单位、各乡镇相应施行党政每周例会制度，比学赶超，使行动学习成为全县各级各部门常态化工作机制，有效破解了工作难题，推动了工作落实。

④孕育了"第一书记产业联盟"。

针对贫困村党组织战斗力薄弱、农民专业合作社组建难、农产品生产规模小、销售渠道不畅等问题，龙州县采用行动学习法，群策群力，发挥贫困村党组织第一书记引领作用、村干部核心带动作用和致富能人带头发起作用，组建农民专业合作社，健全"第一书记产业联盟"工作机制，推行"联盟成员（第一书记）+农民专业合作社+党支部"模式促农增收，走出了一条具有龙州特色的可持续发展的产业化扶贫路子。时任自治区党委副书记危朝安对这一创新做出肯定批示并亲临现场指导，自治区党委组织部下文全区推广这一创新，中组部作为边疆民族地区创新基层党建工作经验在《组工信息》和《组工通讯》刊物上刊登。目前，第一书记产业联盟入盟合作社63家，发展特色产业项目28个，年总产值7000多万元，惠及贫困人口1.47万人，带动贫困户人均增收

750多元。

⑤推动了群众工作体制机制创新。

针对一些基层党组织软弱涣散、项目建设推进慢、服务群众机制落后等问题，龙州县以开展教育实践活动、"三严三实"专题教育和"两学一做"学习教育为契机，结合行动学习法，不断创新县管干部联系点制度，进一步密切了党群、干群关系。

一是创新县级领导、部门挂点联系乡镇、村机制。出台龙州县四家班子领导成员、公检法部门主要领导和县直及中、区、市驻龙州各单位挂点联系乡镇、村工作制度，坚持党政一把手亲自抓、负总责，班子领导成员包村包屯，划分责任区，明确工作职责，确保了全县各项中心工作的落实。在具体工作机制上，创新推行《民情日记》，通过走、问、听、记，培养干部善于发现问题、善于解决问题的能力。

二是创新贫困村定点帮扶机制。为打赢脱贫摘帽攻坚战，按照"4321"工作要求，实施"领导挂点、单位包村、干部包户"帮扶联系责任制度，确保全县每个扶贫开发重点村都有一名县处级以上领导挂点联系，有一个实力部门包村帮扶，有一名脱产干部驻村蹲点，包村部门每个干部联系帮扶一户以上贫困户。

三是创新领导联系重大项目机制。实施"一个项目、一名挂点县领导、一个领办单位、一套人马、一张倒排工期表、一抓到底"的"六个一"重大项目倒逼工作机制，确保了项目建设有效推进。

四是创新县级领导党建工作联系点制度。建立健全县四家班子领导成员挂点联系乡镇、村基层党建工作制度。全县共完成142个屯级组织规范化建设，建立"两新"党组织41个、协作区党组织24个、流动党支部5个、机关党建示范点5个，完成65个软弱涣散党组织的整顿转化工作。

(3) 行动学习有力促进了干部队伍建设

针对部分基层党员干部在工作中因循守旧，不善于发现问题、解决问题和不善于抓落实的实际，龙州县采取行动学习法，通过创新干部激励机制、考察选拔制度等方式，直面问题、突破瓶颈，有力促进了全县干部队伍建设。

①强化科学考评，激活干部激励机制。

针对龙州县经济发展相对滞后，待遇偏低，优秀年轻干部"引不进"或"留不住"的问题，县委运用行动学习法深入研讨、破解难题，不断健全完善干部科学评价体系，激活激励机制，使大批优秀年轻干部感到工作有干头、有奔头。

一是创新实施柔性引进人才管理办法，推行"不求所有，但求所用"的柔性引才工作机制，采取以政策引才、以项目引才、以情感引才和以"高地"引才四大举措，先后引进急需专业技术人才523名。该管理办法被崇左市委组织部评为2012年度全市组织工作创新成果一等奖。

二是选聘嘉奖优秀年轻人才，出台激励政策，每三年在全县范围内选聘、嘉奖40名拔尖技术人才和60名优秀青年专业技术人才，分别给予每人每月500元和300元奖励，极大激励了各类人才干事创业热情。

三是健全绩效考核机制，严格贯彻中央"二十字"好干部标准和"三严三实"要求，将考核结果与干部评优、提拔等挂钩，树牢"实干就是能力，落实才是水平"和"只为成功想办法，不为失败找理由"的理念，切实解决"干多干少一个样，干好干坏一个样"的问题。近五年来全县共有18名选调生获得破格提拔。

②深化干部人事制度改革，实行"三位一体"干部选拔任用制度。

在严格制定工作方案、严格控制职数设置、严格履行选任程序、严格组织任前考察的基础上，实行"调研征求意见，全方位精准考察，完善退出机制"的乡镇干部选拔任用工作制度,选人用人公信度进一步提高。

一是调研征求意见。在人事安排中,采用"全程征求意见"办法。在人事调整前,以面谈形式征求在职县级领导对乡镇党政正职人选的评议和使用建议,与现任乡镇党委书记进行谈话沟通,综合各方面意见,结合拟任人选个人气质、性格,通盘考虑,反复酝酿,提出调整配备建议。在乡镇党委班子换届工作中,深入调研,摸清现行班子运行情况、人员结构搭配,班子成员任职意愿、干部自身存在困难、后备干部储备情况及其能力特点等,为换届前人事调整提供全面科学的参考依据。

二是完善干部考察工作。严格执行《干部任用条例》规定的考察程序,不断完善差额考察、延伸考察,坚持定性考察和定量考核相结合,采取多种方法,全面了解干部在德、能、勤、绩、学、廉等方面的表现和群众公认度,全面准确地评价干部。同时,坚持"以德为先,德才兼备"用人导向,按照"四个好"干部标准,选拔任用廉洁实干干部。在2016年县乡换届中,由乡科级提拔为处级干部的有8人,副科提拔正科36人,非科级干部提拔为副科级73人。换届及干部调整任用过程中廉洁自律和作风等方面均无不良反映。

三是健全干部退出机制。结合全县乡镇干部队伍及领导职位实际,经组织考核、免去现任职务,可享受上一职务层次的有关待遇。对于部分没有享受上一职务层次并实际"实改非"的干部,通过抽调到县里的脱贫攻坚、征地搬迁、项目建设等任务艰巨的岗位工作,继续发挥他们基层工作经验丰富的优势,服务全县中心工作。在2016年乡镇班子调整中,共有17名同志享受优惠政策,退出领导岗位,畅通了干部"出口",在优化班子结构、增强班子活力方面收到了明显成效。

③推行"一线工作法",锤炼提升干部实践能力。

龙州县始终把中心工作作为提升党员干部实践能力的重要战场,积极选派党员干部到项目建设、招商引资、信访维稳、征地拆迁、甘蔗"双高"基地建设、精准扶贫、清洁乡村等急、难、险、重的工作一线进行历练,使他们在艰苦复杂环境中经受考验、增长才干。同时,大力实施"一线干部考核法",使一批敢于担当、善抓落实的干部脱颖而出,得到提拔重用。2011年以来,龙州县在征地拆迁工作一线提拔37人、边境贸易一线提拔14人、扶贫攻坚一线提拔26人、信访维稳一线提拔11人。

(4)行动学习有力促进了县域经济社会发展新跨越

为加快提升全县经济发展水平,推动产业结构转型升级,龙州县围绕经济发展的重大议题,成立了农业发展、边境贸易、工业交通、文化旅游、项目招商、筹资融资等6个跨部门的工作组,通过党政一周例会及一周工作要点等制度,开展行动学习,在现状分析、问题诊断、成因探寻、制定方案、执行方案、执行效果评估的循环过程中,不断解决龙州经济发展的现实难题,有力推动了全县经济社会各项事业在"十二五"时期取得显著成绩。

①经济综合实力迈上新台阶。

2015年与2010年相比,全县主要经济指标取得"8个年均两位数增长",地区生产总值由45.85亿元增至92.6亿元,年均增长11.1%;财政收入由4.44亿元增至8.83亿元,年均增长14.8%。2013—2015年,龙州县连续三年在全市绩效考评中荣获一等奖,2015年荣获全市绩效考评第一名和科技进步奖第一名"双料第一"的好成绩。

多项关系龙州长远发展的重大项目、重大事项取得突破性进展。崇左至水口高速公路开工建设;湘桂高速铁路扩能改造(南宁—崇左—龙州—凭祥)项目被列为广西"市市通高铁"项目;龙州通用机场项目列入全区首批30个骨干通用机场之一；水口—驮隆中越界河二桥项目各项前期工作基本完成，即将开工建设；国家级龙州边境经济合作区申建工作加快推进；国务院批复设立广西凭祥重点开发开放试验区覆盖龙州，批复广西水口公路口岸扩大开放，为国际性常年开放公路客货运输口岸；科甲口岸升格国家一类口岸列入自治区"十三五"口岸发展规划；中国—东盟边境贸易龙州（水口）国检试验区、龙州水口水果进境指定口岸获批立项建设。

成功打造多个国家级、自治区级品牌。左江花山岩画文化景观成功入选《世界遗产名录》，实现了中国岩画申遗、广西世界文化遗产两个"零的突破"；龙州县获评"中国长寿之乡""2015中国最具特色休闲养生旅游县""全国双拥模范县"等称号；龙州起义纪念园景区通过国家4A级旅游景区现场评估验收，被中华人民共和国文化和旅游部评为全国首批两个"全国红色旅游国际合作创建区"之一；"小块并大块"耕地整治"龙州模式"在全国推广；广西水口口岸扩大开放、龙州创建中国—东盟国检试验区获国家批复；成功晋级广西特色旅游名县创建县；龙州县水窿果蔗产业（核心）示范区成为全区首批授予的12个自治区级现代特色农业（核心）示范区之一；水口镇在全市率先成为广西城镇建设百镇示范点。

②社会各项事业稳步推进。

针对龙州社会发展滞后于经济发展的现状，龙州县组建了民生工作、社会综治、基层党建三大工作组，采用行动学习法，强化社会治理中现实问题的挖掘、深层成因的探寻、"治本"方案的制定和执行，切实解决社会发展中遇到的难题，社会治理各方面得到显著提升，实现了质的改进。

一是强化了社会治安管理。创新推行"一村一警"警务机制，让社会公众安全感、群众的满意度等八项社会综治指标保持排在全区全市前列，使龙州县荣获"自治区平安县""全市建设平安崇左活动先进县"等称号。

二是促进了教育均衡发展。创新实施教育提升工程，2015年9月，龙州县提前五年通过自治区义务教育均衡发展评估验收，全区义务教育均衡发展现场推进会在龙州县召开，龙州县作典型发言。

三是推动了卫生事业发展。创新县、乡、村三级防艾网络体系和"自省式防艾宣传"模式，龙州县被评为第三轮全国艾滋病综合防治示范区。

四是促进了脱贫攻坚。坚持以党员干部"辛苦指数"换取困难群众"幸福指数"，狠抓"三找"（找穷户、找穷根、找富方）、"三真"（真扶贫、扶真贫、真富民），强化"挂图作战、清单管理、滚动集成、精准摘帽"管理，实施十大综合扶贫工程，创新"易地搬迁＋边贸扶贫"模式，使扶贫搬迁户搬得出、留得住、能致富，达到了"驻边、守边、富边、稳边"的效果。该模式得到以中国保险监督管理委员会陈文辉副主席为组长的国务院脱贫攻坚督查巡查工作组的高度评价，龙州县在全区易地扶贫搬迁工作推进会上作典型经验介绍。

五是推动了美丽乡村建设。创新推广"户分—村收—乡运转—片区处理"垃圾处理新模式，大力植树造林。龙州县荣获"国家珍贵树种培育示范县"称号、水口镇在全市率先成为广西城镇建设百镇示范点。

3. 龙州行动学习的几点启示和体会

（1）行动学习是抓班子、带队伍、促发展的有效载体

行动学习是工作方式、领导方式、作风建设的创新。龙州县坚持以

开展行动学习为抓手,把行动学习贯穿于县委工作决策、部署、推进、落实全过程,着力加强领导班子和干部队伍建设,着力破解制约经济社会发展的"瓶颈"问题,有力促进了县域经济社会持续健康快速发展。多项关系龙州长远发展的重大项目、重大事项取得突破性进展,成功打造了多个国家级、自治区级品牌。实践证明,行动学习是抓班子带队伍促发展的有效载体。

(2) 开展行动学习是抢抓机遇加快发展的现实抓手

加强理论指导,以学习促跨越,是抢抓机遇加快发展的重要途径。抓住机遇、加快发展,关键要靠一支讲学习、讲效率、讲实干的干部队伍。目前,从总体上看,龙州县各级领导班子和干部队伍的整体素质是好的,但也不同程度存在着工作不敢担当、执行力不够强等问题。因此,必须创新学习载体,深入实施行动学习,努力实现"五个一"目标,即:解决一批影响全县改革发展稳定的重点、难点问题,打造一支善于发现问题、解决问题和善于抓落实的领导班子和干部队伍,积累一批具有自身特色和亮点的先进经验,敢于叫响龙州经验、龙州模式、龙州品牌,形成一种以用促学、学以致用、重学习、重研究、重落实的良好风气,开辟一条学习型领导团队和学习型组织建设的有效途径。

(3) 行动学习贵在坚持实干

自2012年引入行动学习以来,龙州县坚持把行动学习作为抓班子、带队伍、促发展的有效载体,促进了干部"坚持实干"的作风养成,即对县委做出的重大决策部署,领导干部必须以扎实的作风,脚踏实地,用90%的时间抓落实;对县委、县政府认准的事情、定下的事项,必须坚持一抓到底,咬定青山不放松,不达目的不罢休。比如,投资90多亿元的崇左至水口高速公路的开工建设,就是发扬坚持实干精神的结果。为了这条高速公路，龙州县多次组织专家勘探论证、跑"部"进京、汇报争取，一坚持就是13个年头。

同样，行动学习是一项系统工程，不可一蹴而就，贵在坚持实干。行动学习的实施为推动学习型组织建设和社会变革发展，找到了一条管用、有效的现实路径，对推动学习型政党建设，促进党和国家各项事业的健康快速发展，具有十分重要的意义。因此，必须把行动学习作为抓班子、带队伍、促发展的有效载体长期坚持下去，努力做到"三个坚持"：

一是坚持每周党政学习会，促进学习常态化。进一步健全完善党政工作协调每周例会制度，结合"两学一做"学习教育，紧紧围绕县委中心工作，坚持每月确定一个发言主题，县处级和乡科级领导干部先学一步，采取电脑随机抽取和自愿发言的方式，让干部上台脱稿发言，使干部自我加压，变"被动学"为"主动学"，促进学习常态化。

二是坚持学用政策，增强内在动力。继续深入开展"学用政策，加快发展"专题讲座，邀请区内外各界知名专家学者，一月一讲，并将讲座视频在电视台滚动播出，最大限度让党员干部群众直接对接国内外的创新思维，学好用好政策，加快龙州科学发展、和谐发展、跨越发展。

三是坚持"干中学、学中干"，推动工作落实，取得实效。以研究解决各工作领域中出现的新情况、新问题为突破口，组织专项行动学习小组外出考察，学习借鉴先进发达地区的好经验、好做法，并加以研究与创新，攻破难关，推动各项工作取得突破性进展。

总之，行动学习是抓班子、带队伍、促发展的有效载体，自行动学习开展以来，龙州县在全区率先实现了行动学习的全县推广，有力推动了县域经济社会持续快速发展。但全县经济社会发展仍面临诸多困难和挑战，下一步，龙州县将着力在制度保障、群众参与、人才培训、标杆激励、信息系统建设、绩效评估等方面实现重点突破，以行动学习的规范化和常态化，推动领导班子建设、干部队伍建设和经济社会发展再上新台阶。

四、干部教育应用：百色干部学院以行动学习促进干部教育培训高质量发展[①]

1. 背景

百色干部学院（以下简称"学院"）是广西壮族自治区党委直接领导的干部教育培训机构，列入中组部备案的干部党性教育基地，是干部教育培训的主渠道主阵地，是广西行动学习研究会主管单位。但由于学院启用时间尚不足三年，师资队伍建设、教学科研、课程开发、教育培训管理等各项工作尚处于初期阶段，学院面临着师资力量不足、办学经验欠缺等诸多亟待解决的问题。百色干部学院深入贯彻落实全国、全区干部教育培训规划的部署和全区干部教育培训工作会议精神，大力实施"行动学习推广应用计划"，全力推进行动学习与干部教育培训融合发展，使行动学习成为提升教学质量的有力抓手，成为解决学院建设发展问题的有效方法和重要手段。

2. 主要做法

（1）履行管理职能，将广西行动学习研究会工作当作分内的事办实办好

学院积极履行主管单位职责，全力支持广西行动学习研究会工作。

---

① 百色干部学院供稿。有改动。

学院常务副院长唐秀玲同志经常了解研究会工作情况，主持院委会就行动学习相关工作进行研究和解决；副院长翁洁同志兼任研究会会长，积极协调学院上下支持研究会日常工作。学院及时落实研究会办公场所，配备办公设备，并协助研究会办好会员大会、培训办班及集体备课会等。学院还在学报《传承》上开设专栏，刊发行动学习最新的有份量的理论文章，进一步扩大行动学习的影响力。

（2）发挥平台作用，把行动学习打造成办学特色和品牌

学院发挥干部教育培训主渠道主阵地作用，积极搭建起行动学习推广应用的有效平台。一是组建行动学习师资队伍。学院先后选派10多人次参加行动学习专题培训和集体备课，组建起了一支由1名内训师、3名骨干主讲师、11名催化师构成的行动学习师资团队，满足行动学习教学和研讨需要，还经常派出行动学习师资到其他单位授课。二是突出办好行动学习专题培训班。学院每年承办2期行动学习主体班，2019年承接了广西行动学习研究会组织的3期专题培训班，百色市、广州市、广船国际有限公司党校等委托的5期行动学习专题培训班，为区内外培养熟悉掌握行动学习理念和方法的促进师队伍。三是将行动学习融入各类培训班课程。2019年，学院在教学设计与管理专题培训班、区管高校二级学院书记院长专题培训班等12期主体班中开展行动学习基础理论与实操演练，在41个委托班中采用行动学习集体研讨，取得了很好的教学效果，深受学员好评。四是组织举办行动学习论坛。2019年12月，学院与研究会共同举办首届"新时代·行动学习创新发展"论坛，中组部干教局、中共中央党校（国家行政学院）、中浦院、组干院、自治区党委组织部等30多名区内外领导、专家应邀参会。此次论坛为行动学习的最新研究成果、推广应用提供了很好的交流平台。

（3）坚持学用结合，在行动学习推广应用中走在前、作表率

学院坚持"行动学习我先行"的理念，学用结合，结出成果。一是开展行动学习普及培训。学院于2019年年初举办了行动学习专题培训班，通过强化实操演练和系统培训，提高了教职工对行动学习重要性的认识和使用行动学习工具方法的自觉性。二是依托行动学习专家人才库开展教学、课程开发和师资队伍建设。学院多次邀请广西行动学习研究会建立的专家人才库师资，比如中组部党员教育和干部测评中心原主任陈燕楠等，到学院授课和指导课程开发、师资队伍建设。三是探索推行"行动学习进支部"。从2019年3月起，学院探索推行"行动学习进支部"，把行动学习与机关党建紧密结合，为解决支部学习和教学培训、行政管理、党的建设、队伍建设等业务工作"两张皮"问题进行了有益的探索尝试，总结了开展"行动学习进支部"要有攻关主题、有团队学习、有师资指导、有规范流程、有落实措施、有成果落地"六个有"等新鲜经验。2019年11月，广西区直属机关工委专门在学院举办区直机关行动学习进党支部现场培训班，听取学院"行动学习进支部"经验介绍，全面铺开行动学习进党支部工作。

3. 主要成效

（1）理论教育和党性教育的主业主课地位持续凸显

坚持党的理论进行到哪里课堂就跟进到哪里，推进习近平新时代中国特色社会主义思想和党的十九大精神理论教育全覆盖。

（2）干部教育培训主渠道作用得到充分彰显

所举办的培训班次中，以自治区和百色市主体班为基础，委托班次既包括国家部委培训班次、央企培训班次，也有东盟国家、非洲国家，以及中国香港、澳门特别行政区培训交流班次。学员以县处级以上领导干部为主，同时包括高层次专业人才、"两代表一委员"、基层干部、企业管理人员，也有国（境）外干部（公务员、政党和团体领袖）。

（3）课程开发取得新突破

紧扣办学定位和办学特色，广泛整合优质师资资源，抓好核心课程建设，不断完善"四张牌"特色课程体系，并围绕"四张牌"加大现场教学开发，组织人员对东兰县红色教育基地及全区各地不同主题的现场教学点开发，现场教学布局不断扩大。

（4）国（境）外培训交流合作有新拓展

学院充分发挥独特的办学优势，全面完成自治区党委下达的和中联部、香港中联办、澳门中联办、百色市委托的培训任务，积极为推进我国与其他国家友好合作、中国—东盟深度合作和广西融入"一带一路"建设服务。

（5）教学管理制度日臻完善

年内出台了一系列教学制度，全面实行试讲和教学比赛制度，进一步规范和提升了学院教学管理水平。

4. 总结与展望

经过几年来的探索和实践，学院在推广应用行动学习方面取得了一些成绩，积累了一些经验，但也存在一些需要加强和改进的地方。

一是行动学习课程还没有实现主体班次全覆盖，课程安排一般为半天4个学时，时间明显紧张，影响理念导入和研讨效果；二是对行动学习集体研讨的主题和委培单位沟通不够，对学员关心和关注的问题把握不到位，一定程度上影响了研讨效果；三是学院自身推动行动学习进科研、进宣传还比较少，取得的成果不够多；四是"行动学习进支部"研讨程序较多，研讨用时较长，成果转化需要加强督查等。

下一步，学院将进一步贯彻落实好"行动学习推广应用计划"部署要求，发挥广西行动学习研究会在学院的资源优势，深入推动行动学习和干部教育培训融合发展。尤其是以本次座谈会为契机，认真总结经验，解决存在问题，主动担当作为，力争行动学习在学院结出更丰硕的成果。

第一，持续推动"行动学习进课堂"。学院将进一步把行动学习理念和方法推进到学员调训、培训主题确定、培训课程设置、培训模式创新、培训成果转化等全过程之中，在主体班次逐步增加行动学习课程及其时间，加强学员研讨主题研究设计，不断提升研讨的针对性、实效性，全力打造行动学习与干部教育深度融合的"广西品牌"。

第二，持续推动"行动学习进科研"。学院和广西行动学习研究会一道，加强全国性、区域性行动学习研讨交流，推出更多更有质量的科研成果。学院将行动学习纳入年度科研课题主攻项目，安排精干力量组成课题组加强研究，力争取得高质量科研成果；同时，继续在学院学报《传承》开设专栏，让各方面优质研究成果广泛交流和宣传，使学院成为行动学习研究和运用的"新高地"。

第三，持续推动"行动学习进支部"。"行动学习进支部"作为行动学习在党建方面落实落地的成果，有着极强的生命力。学院将在探索实践的基础上，深化"行动学习进支部"的标准化规范化研究，形成有特色的经验、做法、成果，使之成为解决机关党建工作与业务工作"两张皮"问题的"助推器"。

后　记

中共中央印发《2018—2022 年全国干部教育培训规划》已经一年有余，这本关于行动学习的书籍也历经一年多反复打磨修改，即将出版发行。本书写作有两个初衷：一是完成组织任务，紧抓行动学习写入中央文件的契机，抓紧开展理论研究和实践总结，尽快形成科研成果，更好落实文件要求；二是梳理个人想法，将行动学习放到时代大转型学习大变革的宏观背景下，放到建设学习型组织的实践需要中，放到解决学习形式主义的价值诉求中，放到团队学习组织升级的管理学框架下，来解读行动学习，畅谈一家之言。

在起念之初，我们两人频繁通话交流思路、推敲框架，分享关于团队学习、人才培养和学习技术等的思考看法，整理共识性观点，随后结合各自工作经历和资源优势，确定了章节分工、框架逻辑、统稿审核等具体写作安排。在完成初稿编辑审校的过程中，随着同专家学者交流探讨的持续深入，我们对行动学习有了很多新思考，对于写作框架也有了新想法，经与出版社和有关专家沟通、综合考虑，最终商定在初稿框架内进行小幅度修改。本书不妥之处，烦请读者谅解，期待能与广大读者有更多互动交流。

百色干部学院常务副院长唐秀玲同志百忙之中一直关注书稿的写作

和出版，并给予具体指导和大力支持，在此深表感谢。感谢中共中央党校钟国兴教授和百色干部学院副院长、广西行动学习研究会会长翁洁同志为本书做序推荐，两位领导常年从事干部教育理论研究和行政管理工作，对于体制内单位组织学习问题有发言权。

在写作过程中，承蒙众多行业大咖答疑解惑，我们借由公开课、研讨会等契机得以向唐长军、郝君帅、田俊国、刘永中等诸多行动学习领域的老师们请教，在与他们的交流中收获很大，并在研读其著作中启发良多，本书也多处参考其书籍内容，由衷感谢诸位老师。《培训》杂志吉祥主任在书籍策划上给出了许多真知灼见。在写作中，我们也阅读参考了大量学者文章和书籍，在参考书目中已列出，感谢上述作者或译者的辛勤付出。

孔庆瑭、于海发、盛培忠、廉淑、傅强、刘光耀六位同志，既有大型行动学习项目的发起人、操盘人，更有行动学习与企业运营相融合的顶层设计人、单位主要领导，他们的点评推荐给我们带来了巨大鼓励。感谢许康平、黄盛泽、李红波、杨平樟、王造兰、梁振芳等同志在书稿写作过程中提出宝贵意见和建议。

感谢出版单位编辑的辛苦付出，他们以专业、敬业的态度提出很多很好的意见和建议。

沈现斌　张东成

参考书目

[1] 唐长军.行动学习画布：团队互助学习实操指南[M].北京：电子工业出版社，2019.

[2] 田俊国.上接战略 下接绩效：培训就该这样搞[M].北京：北京联合出版公司，2013.

[3] 刘永中.行动学习使用手册：一本书讲透行动学习如何落地[M].北京：北京联合出版公司，2015.

[4] 韦国兵，施英佳.引导式培训[M].电子工业出版社，2018.

[5] 刘世龙.行动学习：让培训直接产生绩效[M].北京：北京联合出版公司，2018.

[6] 石鑫.搞定不确定：行动学习给你答案[M].北京：中华工商联合出版社，2016.

[7] 徐兴家主编.迈向教研咨一体化：行动学习的理论、实践与展望[M].北京：中共中央党校出版社，2015.

[8] 王自生编著.从心始行必成：场景化行动学习银行绩效提升案例集[M].中国言实出版社，2018.

[9] 陈中.复盘：对过去的事情做思维演练[M].北京：机械工业出版社，2013.

[10] 钟国兴.找点：精准高效的做事方法[M].北京：中国民主法制出版社，2011.

[11] 钟国兴,林治波.带着问题学：裸面学习法[M].北京：东方出版社,2009.

[12] 〔英〕迈克·佩德勒,克里斯蒂娜·阿博特.行动学习催化秘籍[M].郝君帅,等译.北京：机械工业出版社,2015.

[13] 〔美〕山姆·肯纳,等.结构化研讨：参与式决策操作手册[M].王洪君,等译.北京：电子工业出版社,2016.

[14] 〔日〕森时彦,等著.引导工具箱：解决组织问题的49个工具[M].朱彦泽,等译.北京：电子工业出版社,2016.

[15] 〔美〕奥托·夏莫.U型理论：感知正在生成的未来[M].邱昭良,王庆娟,等译.杭州：浙江人民出版社,2013.

[16] 〔美〕彼得·圣吉.第五项修炼：学习型组织的艺术与实践[M].张成林,译.北京：中信出版社,2018.

[17] 〔美〕英格里德·本斯.大师级引导：应对困境的工具与技术[M].郝君帅,等译.北京：电子工业出版社,2016.

[18] 〔美〕英格里德·本斯.引导：团队群策群力的实践指南[M].任伟,译.北京：电子工业出版社,2019.

[19] 〔美〕迈克尔·马奎特,等.行动学习：原理、技巧与案例[M].郝君帅,等译.北京：中国人民大学出版社,2013.

[20] 〔美〕迈克尔·马奎特.行动学习实务操作：设计、实施与评估[M].郝君帅,等译.北京：中国人民大学出版社,2013.

[21] 〔美〕朱迪·奥尼尔,维多利亚·J.马席克.破解行动学习：行动学习的四大实施路径[M].唐长军,等译.南京：江苏人民出版社,2013.

[22] 〔英〕爱德华·德博诺.六项思考帽[M].马睿,译.北京：中信出版社,2016.

[23] 〔英〕黛安娜·惠特尼,阿曼达·赛思顿－布伦.欣赏式探询的威力：正向改变的实践技能指导[M].高静,译.北京：华夏出版社,2019.

[24] 〔美〕朱安妮塔·布朗,戴维·伊萨克.世界咖啡:创造集体智慧的汇谈方法[M].汤素素,金沙浪,译.北京:电子工业出版社,2015.

[25] 〔美〕大卫·库伯.体验学习:让体验成为学习和发展的源泉[M].王灿明,等译.上海:华东师范大学出版社,2008.